SOCIÉTISME

PAR

PACIFICUS

> Il ne s'agit pas de définir les droits que la Société pourrait avoir sur les hommes, mais les droits et les devoirs réciproques que le fait de l'association crée entre les hommes, seuls êtres réels, seuls sujets possibles d'un droit et d'un devoir.
>
> Léon Bourgeois. *Solidarité.*

> .... La matrice féconde et consacrée où naîtra au lieu du salarié, l'associé, *l'homo ignotus* que par avance je salue et je bénis.
>
> Comte de Chambrun,

LYON

LIBRAIRIE HENRI GEORG

36 - 42, Passage de l'Hôtel-Dieu

1909

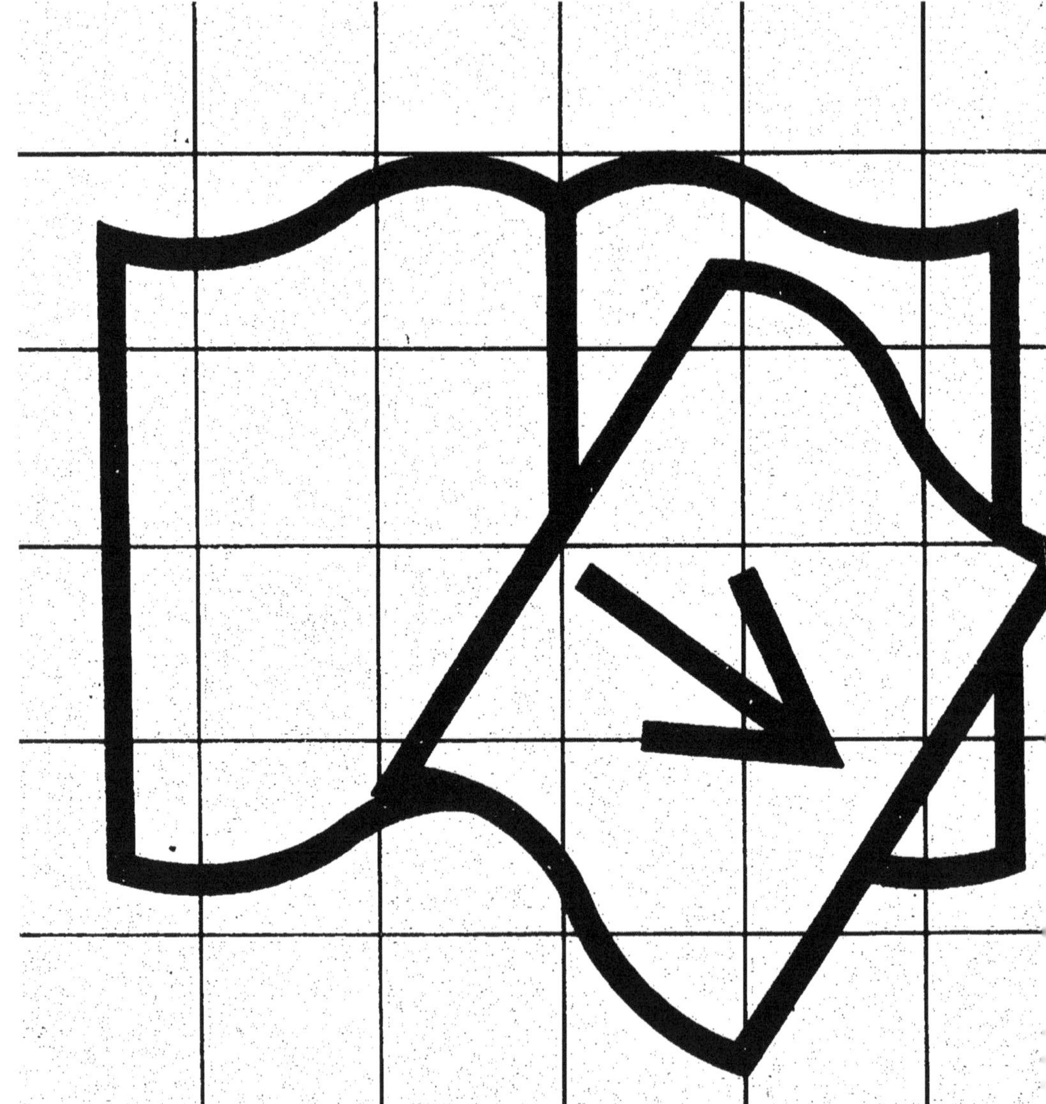

SOCIÉTISME

IMP. PAILLET

10, RUE VICTOR-HUGO

BOURGOIN

SOCIÉTISME

PAR

PACIFICUS

> Il ne s'agit pas de définir les droits que la Société pourrait avoir sur les hommes, mais les droits et les devoirs réciproques que le fait de l'association crée entre les hommes, seuls êtres réels, seuls sujets possibles d'un droit et d'un devoir.
>
> Léon Bourgeois. *Solidarité.*

> .... La matrice féconde et consacrée où naîtra au lieu du salarié, l'associé, *l'homo ignotus* que par avance je salue et je bénis.
>
> Comte de Chambrun,

LYON

LIBRAIRIE HENRI GEORG

36 - 42, Passage de l'Hôtel-Dieu

1909

AVANT-PROPOS

> Pour qu'un art nouveau fleurisse, large et grand comme l'humanité même, il faudra que l'humanité connaisse la paix après la lutte, le loisir après le travail, la communion des intelligences et des cœurs après les antagonismes qui les déchirent aujourd'hui.
>
> Emile VANDERVELDE.

L'auteur de cette brochure écrivait, le 24 Mai 1906, à la *Dépêche de Lyon*, la lettre qu'on va lire et qui montre suffisamment, semble-t-il, dans quel esprit de libre réformisme, en vue de la mise au point de certaines questions économiques et sociales, ont été rédigées les pages qui suivent, parues la plupart dans le même journal.

Monsieur le Directeur de la Dépêche de Lyon,

La divergence de vues de deux de vos meilleurs collaborateurs, « Le Plébéien » et « Le Spectateur », met bien en évidence le « hic » de la question sociale, telle surtout qu'elle apparaît au lendemain des élections législatives.

Ce n'est pas le résultat plus ou moins imprévu, plus ou moins logique, des dernières élections, qui « localise » la question sociale. Elle est ainsi posée depuis longtemps, mais on la voyait moins. Absorbés par la question religieuse, bon nombre d'esprits, parmi les plus clairvoyants, déplaçaient la question sociale, quand ils ne la négligeaient pas totalement.

On épiloguera encore pendant de longs jours sur le pourquoi et le comment du dernier scrutin. L'événement est trop récent pour qu'un jugement définitif soit porté. Autant de têtes, autant d'opinions. Gardons donc, chacun, notre opinion et notre tête, sans trop rêver au minotaure rouge qui nous guette...

Optimiste quand-même — mais avec mesure — je suis de ceux qui avaient fondé sur le ministère Rouvier des espoirs déçus, et de ceux qui ont regretté — avec mesure — sa chute imprévue et malencontreuse. On reconnaît aujourd'hui l'inanité de l'agitation des Inventaires. Comme « Demain » l'a constaté : « La majorité du pays vient de prouver avec éclat que le sort de l'Église lui est profondément indifférent. » Faut-il en conclure que la la religion elle-même lui est indifférente ? Non certes ; mais là où quelques-uns se sont peut-être trompés, c'est en substituant la question de l'Eglise à la question sociale qui prime tout, à notre époque.

L'un de vos rédacteurs voit la solution nécessaire dans un acheminement plus ou moins lent vers le collectivisme, par les voies et moyens socialistes.

L'autre, économiste orthodoxe — son pseudonyme est très expressif — assiste froidement au spectacle des conflits éternels et inévitables du capital et du travail.

Je suis persuadé que « Le Plébéien » n'a pas juré ni promis d'obéir « perinde ac cadaver » à Jules Guesde, partisan de la Révolution ; et je suis également convaincu que « Le Spectateur » ne voit pas sans émotion les entraves qui gênent l'essor de la classe ouvrière. L'impassibilité de l'un n'est pas plus absolue, je le crois, que le socialisme de l'autre.

M. Bourguin, le savant professeur d'économie politique à l'Université de Paris, a écrit que « le parti socialiste, s'il veut jouer un rôle sur la scène du monde, doit dépouiller sa vieille forme révolutionnaire et devenir un parti réformiste. »

De leur côté, les économistes avouent leur impuissance à formuler une loi rationnelle des salaires, et que le contrat de salaire, tel qu'il fonctionne actuellement, n'est pas parfait. Ils ne peuvent s'empêcher de souhaiter une amélioration, une réforme du salariat.

L'un de vos collaborateurs veut « que les intéressés se débrouillent et s'accordent ». C'est à l'effort individuel, dit-il, que l'ouvrier devra l'amélioration de son sort.

Or, ne reconnaît-on pas généralement que l'individualisme illimité, œuvre de la Révolution de 1789, a non seulement dépassé la mesure au delà de laquelle il perd ses qualités et ses vertus originelles, mais qu'il est devenu nuisible et qu'il est le principal obstacle au progrès social ?

M. Charles Gide, dans ses « Principes d'Économie politique », a remarqué que « la loi tend aujourd'hui à donner au salariat le caractère d'un contrat d'association. Nous avons le droit et « le devoir » conclue-t-il, d'espérer que cette association imparfaite qu'on appelle l'entreprise, fera place à son tour à une dernière phase qui sera l'association libre et intégrale. »

Le moment est peut-être venu, l'horizon étant pur, pour quelque temps, de toutes combinaisons électorales, l'heure a peut être sonné du repos et du calme pour les idées religieuses et les idées politiques et, s'il en est ainsi, tout ce qui sera tenté et fait pour rapprocher patrons et ouvriers, constituera la meilleure besogne sociale.

Non ! les ouvriers ne veulent pas la tête de leurs patrons, ni même leurs écus. Mais ils veulent l'amélioration de leur sort, trop souvent précaire ; et ils sont certainement disposés à travailler, de concert avec leurs patrons, à cette amélioration. Je pourrais citer des documents nombreux à l'appui de cette affirmation.

Mais j'ai déjà trop abusé de votre hospitalité ; je mentionnerai seulement, en quelques mots, les bureaux officiels de placement « paritaires » créés en Allemagne pour remédier au chômage, et dont la direction est confiée à l'ensemble des intéressés, patrons et ouvriers, « en nombre égal » Ces bureaux qui réussissent là où les bureaux municipaux et les bureaux philanthropiques ont échoué, montrent bien qu'à l'antagonisme entre ouvriers et patrons peut succéder l'entente et l'alliance.

Veuillez agréer, Monsieur le Directeur, l'assurance de mes sentiments distingués et les plus dévoués.

PACIFICUS.

Dans l'ensemble des faits et gestes sociaux de notre époque, la tendance est manifeste, indéniable, à la pratique de l'association sous les formes les plus variées.

Comme nous l'exposerons plus loin (1), par le mot *"Sociétisme"* qui sert de titre à cette brochure et que nous opposons au mot « *Socialisme* », nous entendons cet assentiment général à l'idée d'association et aussi la consécration juridique du principe inné d'association partout où il existe; et cette consécration, cette sanction juridique que nous considérons ici, en premier lieu, dans les rapports du Capital et du Travail, devra intervenir successivement dans tous les rapports humains, économiques, moraux, politiques, même dans ceux de peuple à peuple.

La première cellule sociale est, sans conteste, la famille. La deuxième, c'est l'atelier — le magasin, l'usine — et non la profession comme quelques uns l'enseignent. La troisième cellule sociale est la commune — petite ou grande ville. La quatrième, l'Etat, réunion de toutes les communes. La cinquième et dernière, comprend tous les Etats, unis entre eux par la concordance de leurs statuts juridiques et par l'application, dans chacun et à chacun, d'un régime sociétiste international.

En attendant ce régime et cet avenir, moins utopiques peut-être qu'on le suppose, puisse ce petit livre contribuer à la diffusion des sociétés, des associations

---

(1) Voir le Chapitre XIV.

de toute nature, et en particulier de celles où travailleront, la main dans la main, patrons et ouvriers.

L'association est la méthode la plus sûre pour
améliorer le sort des classes laborieuses et dégager la
la responsabilité des classes possédantes. (1) Chaque
tentative, chaque pas dans cette voie est un gain moral
d'abord, puis, après d'inévitables tâtonnements un gain
social, et un acheminement — loin des fondrières et
des casse-cou — vers la *Cité pacifiée* de demain, où
règnera plus de justice, plus de bonne volonté et plus
de vraie fraternité.

---

(1) « Les plus chrétiens se sont trompés en se croyant
quittes envers le prochain quand ils avaient pris soin des
indigents. Comme s'il n'y avait pas une classe immense,
non pas indigente mais pauvre, qui ne veut pas d'aumônes
mais des institutions. » Frédéric OZANAM.

Février 1909.

SOCIÉTISME

I

LE JUSTE SALAIRE

Parmi les progrès, d'ordre différent, réalisés depuis un siècle, une lacune importante et regrettable, persiste dans l'ordre économique.

L'instruction, l'industrie, la médecine, l'agriculture, et les sciences en général, ont bénéficié d'efforts et de découvertes considérables ; seule, peut-être, la science économique se heurte contre un mur d'airain, que les meilleures volontés et les intelligences les plus expertes ne sont pas parvenues à renverser.

Ce mur redoutable est celui qui s'élève entre le capital et le travail. Les multiples revendications ouvrières, trop connues pour qu'il soit utile de les exposer ici, en forment le ciment, jointes et mariées aux exigences et aux responsabilités patronales, sur lesquelles je n'ai pas, non plus à insister.

A ceux qui voudraient qu'on leur montre, dans un autre ordre d'idées, un obstacle offrant une certaine similitude, sur qui s'acharnent les savants de tous les pays, nous citerions le problème de la tuberculose, à l'étude duquel les médecins les plus réputés consacrent leurs veilles, dont la récompense serait une gloire immortelle et le titre de bienfaiteur de l'humanité.

C'est depuis longtemps qu'à l'ordre du jour des discussions économiques et politiques, figure la question du salariat, et cette question paraît marquer le pas, presque sans aucun progrès, en dehors des essais de coopération et de participation aux bénéfices.

A la suite d'une communication faite à la Société d'Économie politique, en 1893, sur le juste salaire, par M. l'abbé Guillemenot, les membres de cette assemblée qui avaient pris part à la discussion, avaient déclaré que le problème ne comporte pas de solution scientifique, étant donnée l'impossibilité pratique de déterminer un salaire destiné à satisfaire des besoins variables.

M. Kergall, le distingué directeur de la *Revue Economique*, s'éleva énergiquement contre ce *non possumus* scientifique, et démontra que l'association — rejetée par les économistes — est capable d'opposer, partiellement, tout au moins, ce qui n'est pas négligeable, en effet, une solution digne, semble-t-il, de l'épithète de scientifique.

Un des membres les plus estimés de la Société d'Economie politique, M. Rouxel réplique que les économistes étaient loin de se poser en ennemis de l'association ; et il ajoutait que « le salariat est une forme de l'association ».

N'existe-t-il pas dans cette assertion une confusion ?

Qui dit « association » laisse entendre une union entre plusieurs personnes, *dans un intérêt commun*, pour quelque entreprise. Or, peut-on prétendre, en toute sincérité, que le salariat, tel qu'il est pratiqué généralement est la résultante équitable et normale de la *mise en commun* d'une entreprise quelconque ? N'y a-t-il pas quelque ironie à soutenir que « le salariat pourrait bien être une des meilleures formes de l'association — surtout pour le salarié ? »

Je ne souscrirai à cette opinion paradoxale que si l'on convient que l'association entre le « pur sang », le « jockey » et le propriétaire de l'écurie de course, est la meilleure forme de l'association, — pour le « pur sang ».

Encore l'exemple d'analogie que j'ai choisi intentionnellement, au milieu de beaucoup d'autres plus suggestifs, trop suggestifs, laisse-t-il à désirer en ce sens que le cheval, s'il ne doit nullement participer au prix de cent mille francs qu'il gagnera peut-être, sera du moins pourvu et gavé des soins matériels les plus généreux ; comparaison que ne peut supporter le *salarié*.

Un autre point sur lequel on ne peut être d'accord avec les économistes orthodoxes, c'est lorsqu'ils nient le caractère moral de la question du meilleur salaire, du juste salaire.

Je ne veux pas en ce moment, discuter si réellement il y a impossibilité matérielle de soustraire le salaire à la loi de l'offre et de la demande. Il me paraît plus à propos de protester contre cette affirmation que « le salaire n'est pas une question de morale, mais d'économie ».

En quoi, concluait le contradicteur de M. Kergall, est-il plus moral d'élever le salaire de l'ouvrier au-dessus de son taux naturel, maintenant que nous sommes en démocratie, qu'il ne l'était d'exhausser le profit du patron lorsque nous étions en aristocratie ?

La réponse est trop simple et trop facile pour que je ne glisse pas rapidement.

Ne suffit-il pas, en effet, de dire qu'élever un salaire *insuffisant*, est moral, tandis qu'élever un profit *suffisant*, déjà même excessif, en diminuant peut-être encore le salaire, eut été immoral.

Ce raisonnement rudimentaire est basé sur le simple bon sens ; mais la question du salariat n'est-elle pas en outre une question de morale parce que c'est, au premier chef, une question sociale ?

Personne, certes, ne saurait dénier que parmi les nombreuses difficultés, chaque jour plus aiguës, qui surgissent entre le patronat et le prolétariat, la question du salaire ne soit celle qui trouble le plus souvent la paix publique.

La vie au jour le jour de l'ouvrier est liée, c'est l'évidence même, à son salaire quotidien ; améliorer le salaire, c'est donc améliorer l'existence tout entière du travailleur. Or, a écrit Michel Chevalier, l'amélioration du sort des prolétaires est essentiellement de l'ordre moral.

Je rappellerai aussi ce que disait M. Brunetière dans sa conférence à Toulouse, le 16 décembre 1900, sur l'*Idée de solidarité* : « Avant tout, la question sociale, toute question sociale, est une question morale ».

Et, dernière considération, tous ceux — ils sont légion, — qui demandent sincèrement, par des voies normales, le juste salaire de l'ouvrier, pour augmenter son bien-être et accélérer son éducation, tous, dis-je, savent, comme l'a écrit M. Guizot, que « pour améliorer la condition des hommes, c'est d'abord leur âme qu'il faut épurer, affermir et éclairer ». Ce serait, par conséquent, faire œuvre vaine et stérile, que se préoccuper, exclusivement au point de vue matériel, du relèvement de la classe ouvrière, en négligeant les contingences morales qui peuvent et doivent être solidaires de son mieux-être général.

Si donc l'on veut étudier et chercher à résoudre le vieux problème du salariat, qui a déjà fait couler beaucoup d'encre et prononcer beaucoup de discours, il nous paraît devoir être obligatoirement considéré et traité au triple point de vue économique, moral et social.

II

PATRONS ET OUVRIERS (1)

§ Ier

La lutto des Classes

Sous ce titre, M. Roguenant vient de publier le mémoire qu'il a présenté à l'Académie des sciences morales et politiques, et auquel le prix Bordin a été décerné en 1906.

La question mise au concours était la suivante : « Déterminer les obligations morales respectives des patrons et des ouvriers » ; elle était, elle est encore de la plus grande actualité ; et il ne saurait être indifférent de connaître les idées inspiratrices de l'ouvrage couronné.

____

(1) *Dépêche* du 20 juin 1907.

Et d'abord, il est bon de savoir que le lauréat, ancien ouvrier devenu patron, était le candidat le plus compétent qui se puisse trouver, comme on en rencontre peu dans l'arène académique.

Les amateurs de questions sociales abondent aujourd'hui ; mais combien ne connaissent les ouvriers que par ouï-dire ? Combien ignorent la servitude du travail qui pèse plus lourdement sur le patron que sur son personnel ?

M. Roguenant avait choisi, pour devise de son mémoire, cette pensée de Montaigne : « Or, l'accoustumance à porter le travail est accoustumance à porter la douleur ». Cette devise peut s'appliquer aussi bien au patron qu'à l'ouvrier. Et n'est-ce pas par une erreur plus ou moins volontaire que les prétendus amis de l'ouvrier s'obstinent à considérer seulement le travail de l'ouvrier et à ne tenir aucun compte du travail du patron ?

On veut que l'ouvrier ait droit au produit intégral du travail : c'est le grand cheval de bataille des socialistes-collectivistes. L'ouvrier seul travaille, d'après eux ; le patron, lui, ne fait qu'encaisser le bénéfice produit par le travail de ses ouvriers. Voilà les belles théories des socialistes de cabinet, — plus ou moins millionnaires, par droit d'héritage.

Mais l'ouvrier qui observe et qui réfléchit se convainc lui-même de l'inanité de cette doctrine.

La lutte entre le capital et le travail, que les socialistes s'efforcent de faire naître artificiellement et de perpétuer, n'existe nullement dans les rapports instinctifs et naturels de patrons à ouvriers.

« En fait, dit M. Roguenant, il n'est pas donné un coup de marteau sur une enclume ou lancé un mètre de fil de trame dans la chaîne d'un métier, qui ne soient un des milliards de gestes industriels qui, à chaque seconde de l'heure fugitive, proclament avec une évidence brutale l'inexactitude de la formule — *Travail contre Capital.* — Aucun de ces gestes ne pourrait produire l'effort fécond individuel s'il n'existait une alliance étroite, fatale et vitale du capital et du travail ». Et l'auteur ajoute : « Cette vérité commence à être comprise dans les ateliers ».

M. Roguenant a mille fois raison de clouer au pilori social cette donnée fausse, propagée par la presse et par l'esprit de parti : la lutte du travail et du capital.

N'est-ce pas sur cette seule idée, criminellement fausse, que repose presque toute la science socialiste ? On connaît l'axiôme par lequel débute le fameux manifeste du parti communiste (1), rédigé par Karl Marx et Frédéric Engels : « L'histoire de toute société jusqu'à nos jours n'a été que l'histoire des luttes de classes ». On lit aussi dans ce manifeste officiel : « Une fois que l'ouvrier a subi l'exploitation du fabricant et qu'il a reçu son salaire en argent comptant, il devient la proie d'autres membres de la bourgeoisie, du petit propriétaire, du prêteur sur gages ».

Il n'y a pas d'incertitude possible, l'antagonisme qui divise les patrons et les ouvriers a

---

(1) Ce manifeste, élaboré par le Congrès de la « Ligue communiste » tenu à Londres en 1847, parut en France en 1848, peu de temps avant l'insurrection de juin.

sa source dans une idée fausse et cette idée
fausse constitue la base scientifique (?) du
socialisme-collectiviste.

Alors qu'en réalité patrons et ouvriers ont
un intérêt commun, qu'ils sont intéressés
autant les uns que les autres à la bonne
marche, à la réussite de l'entreprise, — puisque
si elle échoue profit et salaires disparaîtront ;
alors qu'apparait l'évidence absolue de la
solidarité qui unit le capital et le travail,
solidarité naturelle qui devrait tout naturellement conduire les travailleurs — ouvriers et
patrons — vers l'idée d'association, d'entente,
d'alliance, le socialisme dégénéré de Karl
Marx prétend diriger le prolétariat vers la lutte
et la guerre de classes.

Là où les gens sensés reconnaissent l'utilité,
la nécessité de l'union — qui fait la force, les
théoriciens socialistes préconisent la révolte et
le combat d'où ne sont jamais sorties que
ruines et misère.

Les premiers socialistes étaient plus près de
la vérité, dans leurs utopies. Fourier, par

exemple, dans son système d'association universelle ne se souciait pas le moins du monde
de la lutte des classes. Il spéculait, au contraire,
— on sait avec quelle fantaisie, — sur l'attrac-
tion, qui est bien l'opposé de la lutte.

Quoique le socialisme soit un thème sassé
et ressassé, on n'en connaît pas assez le principe originel. Il y a socialisme et socialisme,
comme il y a fagot et fagot. L'important est
de faire le départ entre les pratiques raison-
nables d'un socialisme positif et les folles billevesées d'un socialisme lunaire.

Pour qui veut avoir une notion exacte du
socialisme, tel que l'entend l'école marxiste et
l'école jauressiste, la première condition est
de bien connaître le point de départ initial de
la doctrine enseignée par ces écoles.

M. Werner Sombart, un des écrivains socialistes les plus autorisés, résumant l'œuvre de
Karl Marx, a écrit : « La croyance à l'homme
naturellement bon a disparu devant la conviction que l'homme est conduit plutôt par des

motifs égoïstes que par des motifs désintéres-
sés qu'il porte en lui la bête humaine, malgré
tout progrès, en dépit de toute civilisation... La
lutte, tel devint le mot d'ordre de cette géné-
ration prolétarienne dure et farouche qui
grandit dans la deuxième moitié de notre
siècle : pas de paix, pas de conciliation, pas de
fraternité universelle, mais la lutte (1) ».

L'aveu est flagrant : la lutte devient le mot
d'ordre. Par qui le mot d'ordre a-t-il été lancé ?
par les marxistes. Or, ce mot d'ordre était,
comme il l'est encore, en contradiction complète avec la nature des choses, avec l'intérêt
des travailleurs, ouvriers et patrons.

Le livre de M. Roguenant est des plus suggestifs ; on y trouve matière à de longues
réflexions. J'y reviendrai peut-être, car l'auteur
stigmatise un autre préjugé, couramment
accepté par la classe ouvrière, et qui mérite
attention.

____

(1) *Le socialisme et le mouvement social du dix-neuvième
siècle.* Girard et Brière, 1898.

En tout cas, M. Roguenant a fait preuve de sagacité en signalant la lutte du travail et du capital parmi les idées fausses dont les conséquences sont les plus funestes pour la société entière.

§ II (1)

Tous les Hommes sont égaux

La seconde idée fausse contre laquelle s'élève énergiquement M. Roguenant, et qui n'a pas cours seulement dans la classe ouvrière, nous vient en droite ligne de J.-J. Rousseau : c'est le dogme de l'égalité absolue des citoyens.

M. Roguenant résume ainsi la conception simpliste que l'ouvrier s'est faite du principe égalitaire : « Un jour, l'ouvrier s'est dit que tous les hommes à leur naissance sont nus...

______

(1) *Dépêche* du 0 août 1907.

Les déductions qu'il en tirera seront diverses suivant les facteurs, tempérament, imagination, idées acquises, tendance à l'action ou à la résignation... Quel que soit le résultat, dans l'âme du révolutionnaire comme dans celle du résigné, la conviction est la même : Je suis victime de l'injustice, injustice des choses, des êtres, de l'état social... La nature crée les hommes nus, c'est-à-dire également sans défense, sans avoir; partant égaux ; c'est la société qui a créé l'inégalité et l'injustice ».

Voilà, pris sur le vif, le ferment qui entretient l'esprit de révolte dans les intelligences les plus diverses, depuis les plus simples jusqu'aux plus compliquées.

Or, ce germe révolutionnaire date évidemment de Jean-Jacques, le premier socialiste, génial autant que funeste; génial malgré sa folie ; et funeste par les expériences que nos pères ont tristement tentées de sa doctrine égalitaire.

La Déclaration des Droits de l'Homme a-t-elle, comme on le prétend souvent, promulgué article de foi républicaine cette égalité universelle ? Personne n'ignore qu'on y lit : « Tous les hommes sont égaux par la nature et devant la loi ».

Comment faut-il entendre cette formule ?

Il y a une interprétation qui se présente immédiatement à tout esprit non prévenu : les hommes sont égaux par nature — c'est-à-dire qu'ils sont d'une même nature ; et devant la loi — c'est-à-dire qu'ils obéissent aux mêmes lois.

Attribuer un autre sens à cette déclaration, n'est-ce pas vouloir mettre au compte des Constituants une « sottise » — le mot est de M. Faguet — qui ne leur appartient probablement pas ? Faire signifier à cette formule « que la nature *a fait* les hommes égaux », n'est-ce pas falsifier un principe vrai, fausser une idée exacte ? C'est précisément cette idée faussée que l'on retrouve, au milieu de beaucoup d'autres, au fond des théories excessives et déraisonnables des socialistes collectivistes.

« A la suite des plus célèbres niveleurs, dit M. Roguenant, nous avons en pensée habité leur cité idéale, et nous l'avons quittée avec la conviction profonde que l'égalité enfin réalisée des conditions soumettrait l'humanité à un niveau si abaissé que du fait de cette compression mourrait toute initiative, se flétrirait au cœur des vaillants l'émulation, mère des efforts vers l'idéal ».

Cela est excellemment pensé, car ce n'est pas l'égalité des conditions qu'il faut chercher à atteindre, mais l'égalité des droits, et surtout l'exercice égal et libre de nos droits.

Pourquoi traversons-nous une période sociale si troublée ? Ne serait-ce pas parce que nous ne sommes plus « égaux devant la loi » et parce que, bien qu'ayant des droits égaux, nous ne sommes pas « égaux devant la justice ? »

Pourquoi la fraude a-t-elle si profondément bouleversé le Midi ? N'est-ce pas parce que la loi — *dura lex* — s'est faite douce aux uns et n'est restée dure que pour... les autres ?

Malheureusement la fraude n'est pas limitée aux vins. Le désarroi moral est général. Et si ceux qui se plaignent si tragiquement dans le Midi ont leur *meâ culpâ* à faire, il n'est pas moins certain que du Midi au Nord un besoin urgent de moralisation se manifeste. Mais, comme l'a écrit M. Marion, ne l'oublions pas, le gouvernement — quel qu'il soit — a besoin, pour accomplir sa tâche, de trouver appui dans la confiance et la sagesse de la nation. C'est en vain, sans cela, qu'on lui demanderait d'être sage et ferme. Et M. Marion rappelle ces paroles de Guizot : « Le pouvoir n'est pas libre d'être excellent à lui tout seul. Il ne fait pas la société, il la trouve ; et si la société est impuissante à le seconder, si des principes anarchiques la possèdent, si elle renferme en son propre sein les causes de la dissolution, le pouvoir aura beau faire, il n'est pas donné à la sagesse humaine de sauver un peuple qui ne concourt pas lui-même à son salut ».

M. Roguenant constate que le contrat de travail, tel que les errements actuels le régissent, n'est soumis qu'à la loi de l'offre et de la demande et que les mœurs et usages locaux sont les régulateurs incertains d'un accord sans fixité ni sécurité.

Dans de précédents articles, j'ai fait ressortir les défauts de la loi de concurrence exclusivement appliquée à la fixation du salaire et les raisons qui s'imposent pour que l'on fasse état, dans les relations du capital et du travail, de la solidarité chaque jour plus étroite et plus palpable qui unit ces deux facteurs de la richesse publique et privée.

« Le premier devoir d'un patron, dit M. Roguenant, est de considérer ses ouvriers comme des associés et de se sentir au profond du cœur, le frère en humanité des hommes qui travaillent sous ses ordres ».

Mais, objectera-t-on, la mentalité de l'ouvrier est-elle assez forte, son éducation est-elle suffisante pour qu'il comprenne les devoirs corrélatifs qui dérivent pour lui de ce traitement fraternel? L'objection n'est pas négligeable ; elle vient d'ailleurs corroborer ce qui est dit plus haut sur la nécessité de l'éducation morale, trop négligée depuis longtemps. Ah ! certes, si elle était aussi avancée que notre éducation politique nous ne serions pas dans le marasme social qui nous déprime et qui nous déconsidère aux yeux de toutes les nations.

Tout converge, chez nous, vers la politique ; et comme, en politique, la morale ne joue qu'un petit, bien petit rôle, ne soyons pas surpris que notre entraînement moral soit, dans des proportions navrantes, inférieur à notre entraînement politique.

Reconnaissons toutefois que la situation matérielle de l'ouvrier n'est pas sans influence sur sa condition morale et que celle-ci s'élèverait sans doute plus rapidement dans plus de bien-être.

« Si par de sages mesures, dit notre auteur, le patron a intéressé l'ouvrier à la prospérité de l'usine, de salarié l'ouvrier s'élève au rang de collaborateur. Ascension décisive. L'intérêt qu'il prend à sa besogne en décuple l'effet productif. Grâce à cette mesure d'une haute portée sociale (la participation aux bénéfices sagement établie) le travail parfois monotone s'éclaire d'un attrait qui rend l'effort moins maussade. Or, l'effet de la joie dans le travail est immense sur la mentalité ouvrière ».

Nous avons conclu dans la première partie de notre étude sur l'ouvrage de M. Roguenant, qu'à l'idée fausse de lutte entre le capital et le travail devait être substituée l'idée d'union et d'association.

C'est encore le principe d'association qui, ajouté ou substitué au principe de concurrence, serait le plus propre, non à faire régner dans ce bas monde une égalité utopique qui serait la pire des contraintes, mais à assurer, le plus équitablement possible, le mieux-être matériel et moral des travailleurs ; et c'est dans un régime de multiples associations libres que paraît résider le moyen le plus efficace d'accorder le Travail et le Capital, les patrons et les ouvriers.

III

LA PARTICIPATION AUX BÉNÉFICES (1)

Ses Principes et son action

§ 1

Dans la poussée sociale qui se manifeste et se généralise de jour en jour, l'attention des hommes politiques et des économistes s'est arrêtée à plusieurs reprises, depuis quelques mois, sur la participation des ouvriers aux bénéfices.

Le système est ancien, mais, relativement, peu connu et peu pratiqué. On en parle, on en entend parler, le plus souvent, en termes

____

(1) *Dépêche* du 22 août 1900.

dédaigneux et sceptiques. Mais nous ne croyons pas que jamais on ait tenté, par une action énergique, suivie, d'en multiplier les essais et d'en faire juger et apprécier les conséquences, au point de vue social.

Personne n'ignore que le premier essai a été fait, vers 1840, par M. Leclaire, entrepreneur de peinture à Paris ; on sait que dans cette maison et dans quelques autres les résultats ont été excellents, et qu'ailleurs des échecs ont été éprouvés. Souvent on se contente de ces notions sommaires pour passer outre.

Une société a cependant été fondée en 1879, pour l'étude pratique de la participation du personnel dans les bénéfices — et sous ce titre — par M. Charles Robert, conseiller d'Etat, ancien président de la Société de secours mutuels des ouvriers et employés de la maison Leclaire. Cette Société reconnue d'utilité publique par décret du 12 mars 1889, a son siège à Paris, rue Bergère n° 20, et a pour secrétaire M. Albert Trombert, auteur de plusieurs ouvrages sur la participation. Elle publie un bulletin très intéressant qui suit, pas à pas, la vie de la Participation, et qui est trop peu répandu ; la collection de ce Bulletin peut être consultée à la bibliothèque de la Chambre de commerce de Lyon.

Avant les élections générales du mois de mai, M. Doumer a peut-être été le premier de nos hommes politiques à parler de la Participation aux bénéfices. Dans un discours prononcé à la Fère, le 15 avril 1906, M. Doumer disait : « La République doit armer le producteur pour les luttes de la vie, pour le travail fructueux ; elle doit lui faciliter, autant qu'il est possible, l'accession au capital et à la propriété. Le développement de l'enseignement professionnel, les encouragements donnés aux associations ouvrières de production, à la participation du personnel aux bénéfices des entreprises industrielles, peuvent avoir à ce point de vue les plus heureux résultats. »

Aussi dans la déclaration ministérielle du 12 juin 1906, avons-nous trouvé l'écho du discours de M. Doumer. Nous y lisons : « Nous voulons assurer au capital et au travail une rémunération plus équitable de leurs efforts. En appelant les ouvriers de la mine, dans les concessions futures, au partage des bénéfices, nous obéirons au double souci de réaliser un progrès nécessaire de justice sociale et de donner à toutes les industries un exemple susceptible, s'il est suivi , de prévenir les malentendus et les conflits. »

Entre temps, le 27 mai dernier, à Vic-de-Bigorre, M. Barthou, ministre des travaux publics, déclarait que « l'Etat doit, chaque fois, que la nature du monopole concédé le permet, imposer la participation aux bénéfices qui sera la loi d'un avenir prochain et donner ainsi un exemple dont la portée sociale sera considérable. »

Il n'est donc pas téméraire de prétendre que la question de la participation du personnel aux bénéfices de l'entreprise est à l'ordre du jour des réformes sociales.

Le débat ouvert depuis longtemps gagnerait, croyons-nous, à être élargi. Car on est loin d'être unanime à reconnaître et à proclamer les vertus du système.

En principe, le but à atteindre, par ce procédé de rémunération supplémentaire, est d'améliorer pécuniairement et moralement le sort de l'ouvrier et aussi d'améliorer les rapports entre patrons et ouvriers.

Ces résultats, désirables assurément, sont-ils toujours obtenus ?

Les faits répondent oui et non. Mais n'avons-nous pas assez l'expérience des choses pour être surpris des alternatives de réussite et d'insuccès ? Quel est le remède qui guérit toujours et à coup sûr, quels que soient les antécédents et l'état du malade ?

Jusqu'à présent l'étude de cette question paraît n'être pas sortie du milieu « académique » où elle a été admirablement traitée par des auteurs et des orateurs compétents et distingués. L'évolution sociale demanderait peut-être que la discussion soit continuée ou reprise sur sur un terrain élargi, démocratisé.

Il nous est revenu que le projet d'un congrès est examiné en ce moment ; ce congrès aurait lieu l'année prochaine — peut-être à Lyon — sous les auspices de la Société dont nous venons de parler, qui a pour président M. Delombre, ancien ministre du commerce, et parmi ses administrateurs, M. Laroche-Joubert, ancien député, directeur de la Papeterie coopérative d'Angoulême, M. Chaix, imprimeur à Paris, M. Goffinon, ancien entrepreneur de travaux publics, etc...

Les esprits timorés diront-ils qu'il est inopportun de donner trop d'importance à cette question ; qu'elle peut augmenter les exigences de la classe ouvrière au lieu de l'apaiser et de la satisfaire ?

Ce n'est point notre avis. Au milieu des excitations du socialisme-collectiviste, et des idées fausses qu'il sème à pleine main, et des appétits malsains qu'il aiguise par des doctrines trompeuses, il nous paraît au contraire, à propos et même urgent d'étudier et de discuter, au grand jour, le pour et le contre de la Participation aux bénéfices et d'en définir le régime.

––––––––

§ 2

Il n'y a pas de panacée sociale, disait Gambetta, il y a tous les jours un progrès à faire, mais non pas de solution immédiate, définitive, complète.

La participation des ouvriers aux bénéfices n'est-elle pas un progrès positif, certain ?

Ses effets et son application sont à examiner et à discuter peut-être, mais son principe doit être admis par tous les gens de bonne foi et de bonne volonté.

M. Levasseur, l'éminent membre de l'Institut, rapporteur du Congrès de la Participation tenu en 1889, s'exprimait ainsi dans son rapport : « La participation est un mode d'organisation du travail très recommandable. Il faut donc le recommander. Il faut l'appliquer, ce qui vaut mieux encore ; mais il ne faut tenter cette application qu'à bon escient et n'en attendre d'effet utile que lorsque les conditions sont favorables ».

*
* *

Le salariat, tel qu'il fonctionne à notre époque, obéit à la loi de l'offre et de la demande, à la loi de concurrence ; il place le patron et l'ouvrier dans la position forcée et fatale d'antagonisme du vendeur et de l'acheteur d'une marchandise quelconque.

Le commerçant, si honnête soit-il, s'efforce de vendre sa marchandise le plus cher possible ; l'acheteur « marchande » pour obtenir la marchandise au plus bas prix possible. L'intérêt des deux parties est donc diamétralement opposé ; aussi, le marché une fois conclu, vendeur et acheteur restent étrangers l'un à l'autre : l'acheteur se soucie peu que son vendeur ait fait un bénéfice normal ou qu'il ait travaillé à perte ; et celui-ci ne s'inquiète que d'une manière restreinte que son client ait satisfaction de son emplette.

Selon la doctrine économique courante, l'ouvrier, vendeur de son travail — sa marchandise — et le patron, acheteur de cette marchandise, sont donc dans la posture indifférente, quasi hostile, du commerçant et de son client.

Pourvu que le patron se déclare satisfait du travail fourni, l'ouvrier est à l'abri de tout reproche, à l'égal du marchand qui a livré un vin conforme à l'échantillon.

Est-ce qu'il ne saute pas aux yeux cependant, que l'assimilation du travail à une marchandise, et de l'ouvrier à un commerçant, a quelque chose de choquant et qui sonne faux?

N'y a-t-il pas quelque inconséquence à vouloir faire jouer à l'ouvrier le rôle de vendeur, et au patron, celui d'acheteur ? N'est-ce pas même intervertir les rôles?

L'ordre naturel et logique des choses veut généralement qu'un vendeur ait en face de lui de nombreux acheteurs ; or, les lois de l'économie politique veulent que lorsque la marchandise est le « travail », il y ait beaucoup de vendeurs — les ouvriers — et un seul acheteur — le patron.

Il y a, semble-t-il, sur cette loi économique, une révision constitutionnelle à provoquer ; nous en reparlerons un jour. Mais nous voudrions, pour conclure, faire toucher du doigt le progrès — en attendant la révision — que la participation apporte au contrat de travail en améliorant et en réformant les rapports de l'ouvrier-vendeur et du patron-acheteur.

Sous le régime de la Participation, l'ouvrier qui a terminé sa journée et rempli sa tâche, peut d'une part se considérer, vis-à-vis du patron, comme quitte et désintéressé au moyen de son salaire quotidien ; mais l'ouvrier reste lié et intéressé, « comme le patron », aux suites de son travail, au sort de la marchandise sortie de ses mains. Et si cette marchandise inachevée de lui, doit être mise au point par un autre ouvrier, tous les deux sont encore intéressés réciproquement au travail bien ou mal fait de l'un et de l'autre. Non seulement chaque ouvrier, individuellement, est intéressé à travailler le mieux possible, mais il ne tarde pas à comprendre qu'il ne l'est pas moins à ce que tous ses compagnons travaillent aussi avec conscience. D'où une émulation naturelle et de bon aloi entre tout le personnel. Ce n'est plus la jalousie, ce vilain défaut humain, qui règne en maîtresse dans l'atelier, c'est un élan « collectif », un effort de tous vers le but commun : la réussite de l'entreprise commercale ou industrielle.

On voit l'enchaînement, l'entraînement qui « solidarise » aussitôt l'ouvrier et le patron, et les ouvriers entre eux.

C'est cette solidarité qui a besoin et qui mérite d'être mise en évidence de la manière la plus éclatante, car c'est dans la solidarité que réside, peut-être, le principe de vie sociale trop négligé, qui, réveillé, ressuscité, apporte-

rait à nos temps troublés et troublants, non la
fortune égalitaire et chimérique prônée par les
collectivistes, mais, avec la paix, le bien-être
relatif souhaité et rêvé par tous les gens sensés
et sages.

———

§ 3

Participation et Collectivisme (1)

Au nombre des obstacles qui ont gêné la
diffusion de la Participation des ouvriers aux
bénéfices, on peut citer, en première ligne, la
doctrine collectiviste primitive, c'est-à-dire
celle qui eut pour dogme la paupérisation des
masses populaires.

Karl Marx avait prophétisé que la société
capitaliste enrichirait démesurément et rapidement une classe privilégiée peu nombreuse,
pendant que la grande majorité des popula-

———

(1) *Dépêche* du 28 septembre 1906.

tions deviendrait de plus en plus pauvre. Le salaire des travailleurs devait diminuer de jour en jour, la famine la plus terrible se produirait, et, naturellement, une catastrophe en résulterait, anéantissant les capitalistes... avec les capitaux.

Pour que cette paupérisation annoncée « ex cathedrâ » suive son cours, il fallait éviter rigoureusement tout ce qui l'aurait ralentie et retardée. Marx avait imprudemment assigné une date — la fin du XIX⁰ siècle — à la catastrophe triomphatrice ; cette date fatale viendrait trop vite ; la consigne était donc non d'améliorer le sort de la classe ouvrière, mais d'aider les théories pessimistes, en ameutant les ouvriers, par des irritations variées, contre les patrons capitalistes.

La Participation qui avait pour but essentiel d'augmenter, en proportion des bénéfices du patron, le salaire de l'ouvrier et d'accroître peu à peu son bien-être, allait ainsi à l'encontre absolue de la doctrine collectiviste ; en conséquence, la Participation était condamnée

« ipso facto », et lorsqu'on ne la critiquait pas ouvertement, lorsqu'on ne soulevait pas les objections les plus spécieuses, on la passait sous silence.

Mais aujourd'hui la théorie marxiste est reconnue erronée par les docteurs les plus qualifiés du collectivisme. En effet, il n'est pas contestable que, quoiqu'il reste beaucoup à faire, le sort des ouvriers ne se soit constamment amélioré depuis cinquante ans ; les salaires, au lieu de diminuer, ont augmenté presque sans arrêt. Karl Marx s'était donc grandement trompé, et il a trop longtemps abusé de la crédulité de ses adeptes.

Aujourd'hui, va-t-on dire, que les chefs socialistes confessent eux-mêmes l'erreur de leur doctrine primitive, ils sont devenus sans doute des fervents de la Participation ? Les collectivistes ayant comme nous, au fond du cœur, l'amour sincère du peuple, nous allons évidemment pratiquer tous ensemble les meilleurs procédés pour ajouter chaque jour au bien-être des masses ?

Hélas ! la logique le voudrait, mais la logique n'a pas voix au chapitre en cette matière.

Le collectivisme a tout simplement changé son fusil d'épaule. Après avoir soutenu que les forces économiques tendaient inéluctablement à la paupérisation des masses ; après avoir tout-fait pour seconder ces forces funestes, après avoir écarté tout ce qui s'opposait à la marche de cette paupérisation, le collectivisme affirme à l'heure actuelle que « les ouvriers ont droit au produit intégral du travail » ; qu'en vertu de ce seul « droit » ils vont arriver à la fortune, et que ce sont eux qui, à leur tour, vont être les riches, par la seule vertu de ce « droit juridique ».

Les collectivistes qui ont renoncé à la catastrophe si longtemps préconisée, et enseignée comme un article de foi socialiste, ne sauraient, paraît-il, sans forfaire à leur honneur... socialiste, borner leur desideratum à l'amélioration incessante, mais lente et progressive, du prolétariat, sur lequel tout le monde serait immédiatement d'accord ; ils sont obligés, de par leurs principes, d'exciter les convoitises de l'ouvrier en lui affirmant qu'il a droit, et lui seul, à la richesse, à toute la richesse produite par le travail.

Cette affirmation extraordinaire, cette théorie exorbitante tombera un jour, sans nul doute, comme s'est écroulée la théorie catastrophique.

Mais de ce changement de doctrine, et du changement de tactique qui en a été la conséquence naturelle, comme l'a excellemment mis en lumière M. Hitier, chargé de cours à la Faculté de Droit de Paris, dans une remarquable étude publiée par la « Revue d'Economie politique » (mars 1906), de cette évolution du collectivisme, il y a tout un enseignement pratique à tirer.

Ayant abandonné le dogme du coup de force et de la catastrophe, le socialisme en est au dogme « juridique » ; il fait du droit ; mais il fait du droit à sa manière, qui est connue, c'est-à-dire selon les besoins de sa cause.

« Les juristes du socialisme, dit M. Hitier, vont se livrer à un travail de déformation et d'exploitation systématique des théories juridiques détournées de leur sens originaire. »

Il vont faire, en droit, ce que Karl Marx a fait en économie politique.

Marx avait faussé les lois économiques en des théories prophétiques que les faits ont rapidement démantibulées ; ses successeurs, les juristes, vont appliquer la même méthode et fausser les principes juridiques. Ils ne seront, vraisemblablement, pas plus heureux. Il convient, toutefois, de les suivre, et de transporter la discussion sur le terrain où elle a évolué, afin de lutter pied à pied contre les chimères et les utopies toujours renaissantes.

« La tactique que recommande le néo-socialisme, écrit M. Hitier, consiste à s'insérer si l'on peut dire dans le mouvement, à en prendre la direction pour imprégner ce mouvement d'un esprit socialiste, pour l'orienter dans le sens des revendications socialistes... Il faut, pour réussir, s'efforcer de saisir les

aspects subversifs de l'appareil juridique...
Il s'agit de les mettre en lumière, et ensuite
d'exploiter tout qui ce peut être élément de
transformation juridique dans un sens socialiste. Pour un pareil travail, toutes les défor-
mations de théories sont légitimes ; la fin
justifie les moyens. »

Mais je reviens à la Participation. Elle
consiste, faut-il le répéter, dans l'attribution
aux ouvriers d'une part des bénéfices produits
par l'entreprise.

La Participation dit : Une part des bénéfices
au capital, l'autre au travail.

Le collectivisme dit : Tous les bénéfices au
travail.

Lequel des deux est dans la vérité ; lequel
dans l'erreur ?

Je laisse au lecteur le plaisir de rendre le
jugement.

***

Entre participationnistes, une question a
été souvent agitée : celle de savoir si la part

provenant aux ouvriers résulte d'un « droit » ou d'une simple libéralité patronale.

L'intérêt de la distinction n'est pas capital, attendu que le résultat est le même dans les deux cas. Cependant, puisque la tendance générale est de faire reposer sur une assise juridique les revendications sociales même les plus excessives, et puisque les aspirations prolétariennes paraissent vouloir, dans un sentiment de dignité, se dégager peu à peu de toute sujétion « charitable », il ne peut pas être impossible de démontrer juridiquement la cause vraie et fondamentale qui légitime la part de bénéfices allouée au travail, — tout en respectant de la manière la plus absolue les droits acquis.

Tandis que les juristes collectivistes « déforment » le droit pour aboutir à des conclusions excessives et fausses, des efforts et des travaux parallèles, poursuivis dans un sens non socialiste ni anti-socialiste, ne pourraient-ils pas, sans déformation ni exploitation, transformer normalement quelques-uns des concepts juridiques actuels, les « réformer » dans l'équitable mesure réclamée par l'évolution sociale ?

---

§ 4

Participation et Mutualité (1)

La participation et la mutualité sont peut-être sœurs. Ne seraient-elles pas, l'une et l'autre, filles de la solidarité?

La participation, telle que nous la considérons ici, consiste en l'allocation, à l'ouvrier, en plus du salaire normal, d'une part des bénéfices de l'usine où il travaille. Cette part lui est attribuée, non à titre de gratification ou de libéralité, mais comme un juste complément de salaire, à raison de sa « collaboration ».

.•.

Le patron, chef d'entreprise, réunit dans ses mains le capital nécessaire à la création de

---

(1) *Dépêche* du 16 octobre 1906.

l'industrie, à la construction des bâtiments, à l'achat de l'outillage, et il fournit encore les fonds de roulement non moins indispensables. Il a dû, avant l'installation de son usine, acquérir des connaissances multiples, faire ses preuves d'une intelligence déliée, d'un jugement imperturbable, d'une énergie virile, car tout cela fait partie intégrante du fonds social : le capital sans la direction forte et intelligente est une non-valeur.

Lorsque l'industriel a établi son usine, il ouvre ses ateliers et appelle les collaborateurs probes, actifs, robustes et adroits qui lui fourniront la main-d'œuvre. C'est grâce à ce concours manuel que l'étincelle vivifiante partira de la chaudière, suivra les transmissions, pour se concentrer dans chaque machine et se répandre aux quatre coins de l'usine.

Les trois facteurs industriels apparaissent : 1º la direction — capacité, autorité, responsabilité ; 2º le capital — propriété de la direction ou de bailleurs de fonds, actionnaires ou autres ; 3º le travail proprement dit ; et ils apparaissent reliés entre eux par une solidarité naturelle ; ces trois éléments distincts sont assemblés pour ne faire qu'une seule et même chose : une industrie.

M. Léon Bourgeois, dans des conférences faites sur la solidarité sociale, en 1902, disait qu'une « solidarité de fait » unit nécessairement tous les hommes.

Ne pouvons-nous pas dire, en limitant notre observation à l'industrie : qu'une entreprise industrielle constituée par la réunion du capital, de la direction et de la main-d'œuvre est une œuvre essentiellement solidaire, qui doit vivre et fonctionner d'après les principes de la solidarité sociale ?

Sans nul doute il s'agit d'une affaire privée ; il s'agit de droits personnels, individuels, inattaquables ; et il ne faut pas supposer ni admettre une main-mise collective qui absorberait les individualités en cause.

Les patrons, comme les ouvriers, ont leurs droits respectifs, et chacun les exerce individuellement. Annihiler l'individu au profit d'une masse collective serait réduire à néant l'initiative et tout l'intérêt de l'existence entière.

Il ne faut pas de confusion : respect absolu au droit de propriété de chacune des parties solidaires. Mais, comme conséquence de la solidarité des parties, leurs droits entre elles ne sont plus débattus ni fixés en prenant pour loi je ne sais quels principes économiques routiniers et surannés devenus caducs ; patrons et ouvriers ont l'intuition du lien secret, invisible qui unit leurs intérêts matériels, et ils savent, pour délimiter les droits de chacun d'eux, puiser dans l'intimité de leur conscience, à la source de justice où prennent naissance les principes qui doivent présider au partage du profit commun.

Le salaire quotidien nécessaire à celui qui vit au jour le jour est d'abord stipulé selon les bases ordinaires, afin qu'il fasse vivre, dans toute l'acception du mot, l'ouvrier et l'employé.

Presque au même titre un prélèvement mensuel est fait pour les directeurs de l'entreprise, sous le nom de traitement.

Et sous le nom d'intérêt une rémunération relativement minime du capital est calculée, à la clôture de chaque exercice, au taux courant.

L'égalité relative qui est à la base de la solidarité, se trouve ainsi, dès le début, obéie.

A la fin de l'année chaque partie en cause a fourni la collaboration qui lui incombait : la main-d'œuvre a été diligente, soigneuse, disciplinée ; la direction s'est révélée habile, prudente, bienveillante ; le capital s'est montré puissant et hardi. Le résultat de l'inventaire a répondu aux légitimes espoirs et fait ressortir un bénéfice important.

Après les amortissements d'usage, la répartition « complémentaire » du bénéfice net a lieu entre : 1° le capital qui reçoit, sous le nom de dividende une seconde rémunération justifiée en particulier par les risques auxquels il était et reste encore exposé ; 2° la direction, qui a

assumé la responsabilité morale et matérielle
et toutes les charges inhérentes à une affaire
industrielle et qui sous le nom de profit, si l'on
veut un nom spécial, reçoit la majeure partie
du bénéfice à partager ; et 3⁰ le personnel, qui
sous le nom de participation, reçoit une quote-
part préalablement déterminée par le contrat
de travail librement intervenu entre le patron
et les ouvriers. Cette quote-part est évidemment moindre que celle de la direction, parce
que les ouvriers sont dispensés de toute contribution aux pertes.

Ai-je mis assez nettement en lumière le
sillage tracé par la solidarité, dans la marche
d'une entreprise industrielle ?

Solidaires pour la production, les trois facteurs industriels le sont aussi pour la rémunération.

La Mutualité, telle que tout le monde la
connaît, est si proche de la participation que
le mot de mutualité est à peine nécessaire pour

désigner, séparément, les œuvres de solidarité qu'elle englobe.

La Mutualité ne consiste-t-elle pas, en effet, à faire « participer » un certain nombre de personnes aux événements malheureux qui arrivent à quelques-unes d'entre elles ?

En participation, on a en vue un partage de bénéfices ; en mutualité, ce sont des pertes qui sont l'objectif. En réunissant les risques et en répartissant la perte au prorata des risques, le dommage éprouvé devient presque insignifiant puisqu'il est représenté par la prime annuelle.

Mutualité et participation se tiennent donc fraternellement par la main.

Les sociétés mutuelles se multiplient, depuis quelques années, dans des proportions considérables ; pourquoi les participations industrielles ne se multiplieraient-elles pas également ?

Dans les campagnes, la méfiance innée du brave paysan a maintes fois retardé et retarde encore souvent la mise en pratique d'un instrument de salut éprouvé. A côté de la méfiance, les initiatives mutualistes se heurtent à l'égoïsme, qui est plus et pire et qui est l'individualisme à sa suprême puissance.

A pratiquer la mutualité et la participation, la confiance réciproque ne tarderait pas à supplanter la méfiance, arme des faibles ; l'égoïsme de son côté, est une mauvaise herbe qui s'étiolerait vite au milieu des œuvres vivaces de solidarité. Et la disparition de ces tares humaines, serait un signe certain d'éducation meilleure.

Or, quel est le but de l'éducation sociale ? « N'est-il pas, comme l'a dit M. Léon Bourgeois, d'élever les hommes à la notion du devoir social, de créer en eux cet état d'esprit où ils comprendraient que tout acte social, c'est-à-dire tout acte de mutualité et de solidarité, est un acte de moralité supérieure, où ils apprendraient à se sentir et à se vouloir non comme des êtres isolés, mais comme des associés unis par le lien de justice réciproque ? ».

Peut-on douter encore de la solidarité qui lie les uns aux autres les intérêts de chacun de nous ? Faut-il, pour clore la discussion, citer M. Brunetière ? « Solidaires les uns des autres, oui, sans doute, nous le sommes, a écrit l'éminent penseur ; nous le sommes en tant qu'hommes ou en tant que fils d'un même père. Nous le sommes encore en tant que citoyens de la même patrie. Nous pouvons l'être en tant que participants de toute profession librement choisie, de toute association librement consentie, de tout idéal librement partagé. Nous le sommes surtout en tant qu'exposés aux mêmes misères ».

La mutualité a depuis longtemps trouvé sa voie ; aussi a-t-elle fait et continue-t-elle de faire tous les jours des progrès rapides. Les pouvoirs publics, par une sollicitude constante et généreuse, ont facilité et facilitent de plus en plus son développement. La participation aux côtés de sa grande sœur, est jusqu'à présent réduite au rôle de Cendrillon ; mais un jour elle rattrapera le temps perdu. Ce jour luira quand toutes les bonnes volontés qui ont assuré l'essor et la fortune de la mutualité so

tourneront vers les entreprises participationnistes. Les heureux errements qui ont fait des
organisations mutualistes une force sociale et
morale gagneront encore en puissance et en
autorité par leur application à la pratique de
la participation des ouvriers aux bénéfices.

* *

En matière de science sociale, a dit le Play,
il n'y a rien à inventer, il y a tout à apprendre.

Il y a surtout à apprendre la mise en action
de l'idée intime et innée de solidarité qui devrait
remplacer et faire oublier l'idée fausse, devenue
banale, de lutte pour la vie.

La vérité sociale n'est pas dans la lutte, ni
dans la guerre, qui ne peuvent être qu'excep-
tionnellement nécessaires ; elle est plutôt dans
l'union, et je dirai même dans l'association.

Les économistes ont pour devise : la lutte
pour la vie ;

Les collectivistes ont pour cri de ralliement :
la guerre des classes ;

On a répondu : l'union pour la vie.

On dira peut-être dans un avenir prochain :
l'association pour la vie.

§ 5

A propos d'un livre de M. Faguet (1)

Un mouvement très significatif s'accentue de jour en jour en faveur de la participation des ouvriers aux bénéfices. Depuis un an, il n'y a peut-être pas un journal ni une revue qui n'ait traité la question, et généralement dans les termes les plus favorables. Et l'on sait que la Chambre des députés est saisie de deux propositions de loi ayant pour objet, l'une, la coopération ouvrière de production et le contrat de participation aux bénéfices, l'autre, la répartition des bénéfices réalisés par l'exploitation des concessions des monopoles accordés par l'Etat et constitués en sociétés; la première, présentée par MM. Doumer, Siegfried, Baudin, Millerand, etc., a donné lieu à un vote d'urgence déclarée, à la séance du 24 juillet 1906; la seconde, présentée par MM. Constant et Cazauvieilh, a été

(1) *Dépêche* du 30 mai 1907.

renvoyée à la commission du travail, le 5 novembre 1906.

C'est dire qu'il y a là un point précis dans la question ouvrière, qui appelle et qui aura une solution prochaine.

Aussi importe-t-il d'apporter sur le sujet, le plus de clarté possible et de dissiper tous les malentendus capables d'en obscurcir l'étude.

M. Émile Faguet, dans l'ouvrage qu'il vient de publier, le *Socialisme en 1907*, fait figurer la participation aux bénéfices parmi les systèmes qu'il appelle les « pseudo-socialismes », c'est-à-dire parmi les projets tendant non à à l'établissement du socialisme intégral, mais à la réalisation partielle de l'idéal socialiste.

L'éminent académicien constate que la participation fait de l'ouvrier salarié un ouvrier associé, qu'elle l'intéresse au travail et à la bonne gestion de la maison et fait qu'il devient un collaborateur du patron au lieu d'être son subordonné, et par conséquent son adversaire.

Ces conséquences mises en lumière, il semblerait que la participation dût être conseillée

et acceptée les yeux fermés. Comment, en effet,
ne pas préconiser délibérément une méthode
qui peut mettre fin à l'antagonisme ouvrier ?
Cette méthode, expérimentée dans un bon
nombre d'usines, comporte-t-elle donc des difficultés d'application imprévues et des risques
de fonctionnement ? Pas que je sache ; et on
n'en allègue point. Cependant, M. Faguet,
après avoir écarté les objections socialistes,
sujettes à caution et entachées d'exagération
manifeste, émet un jugement décourageant, et
qualifie la participation de « froide plaisan-
terie ».

La participation, cela a été répété maintes
fois, n'est pas une panacée sociale et ne doit
pas être imposée partout ni pratiquée à tort
et à travers ; mais là où elle est instituée, elle
ne peut que produire de bons résultats, au
pis aller des résultats négatifs, mais elle n'a jamais mérité le reproche de M. Faguet qui
étaye son appréciation sur un raisonnement
spécieux.

M. Faguet considère la distribution du dividende revenant en fin d'exercice aux ou-

vriers, comme une restitution d'une partie de leur salaire légitime qu'on avait retenue.

Supposons un ouvrier gagnant cinq francs par jour et recevant à la fin de l'année une participation de 310 francs, soit, pour 310 journées de travail, un salaire complémentaire d'un franc par jour. M. Faguet estime que dans ce cas, le patron aurait pu, dès le commencement de l'année, donner à l'ouvrier un salaire de 6 francs au lieu de 5 francs, et qu'il lui a soustrait chaque jour un franc, pour lui restituer, en bloc, à la fin de l'exercice, toute la somme soustraite ou retenue. « Les 310 francs que vous donnez aujourd'hui, dit l'auteur, sont la preuve même que vous pouviez donner 20 sous de plus par jour, et puisque vous ne les avez pas donnés, c'est que vous les avez rognés sur le salaire que vous pouviez fournir. »

M. Faguet a perdu de vue que le bénéfice acquis par l'entreprise *à la fin de l'année*, n'a été acquis et certain qu'à ce moment, et que jusqu'au dernier jour de l'année, tels événements, tels incidents pouvaient se produire —

incendie, chômage, faillites de clients, hausse des matières premières, etc., qui, d'un seul coup, pouvaient réduire à rien ou à peu de chose le bénéfice de toute une année de travail.

Est-il exact, dans ces conditions, de parler de salaire soustrait ?

Le savant auteur voit dans la participation « une simple opération de trésorerie qui d'une part est une hypocrisie de générosité, d'autre part permet au patron de faire travailler pendant un an l'argent qu'il ne donne aux ouvriers qu'à la fin de l'année au lieu de le leur donner tous les jours, de sorte que c'est à lui et non à l'ouvrier que l'opération donne bénéfice ». Il y a dans cette façon d'envisager la participation, la même erreur d'optique déjà signalée, car il est évident que le patron ne peut jouir dès le début de l'année des capitaux que lui procureront les bénéfices à venir... s'ils viennent.

M. Faguet considère son objection, en son fond, comme « la vérité même ». Nous pensons en avoir dit assez pour que les lecteurs soient d'un avis tout à fait opposé. Et, étant donné que c'est la seule objection formulée par l'auteur, nous sommes heureux de pouvoir conclure que la participation n'a devant elle que des obstacles plus ou moins chimériques et sans consistance. Par contre, ses avantages sont multiples.

La participation facilite l'épargne de l'ouvrier, comme le reconnait M. Faguet. « Or, ajoute-t-il, il est d'un immense intérêt pour l'ouvrier, pour le petit employé, d'être payé suffisamment pour ses besoins journaliers, et, à un moment donné, de trouver une petite somme ronde, soit pour l'épargne, soit pour pourvoir à une dépense qui n'est pas journalière, qui est périodique. Exemple : la question du loyer ». Et le brillant sociologue dit avoir souvent « pensé à une société des loyers qui percevrait jour à jour par petites sommes chez l'ouvrier et qui, le trimestre achevé, paierait son loyer, avec l'argent ainsi reçu goutte à goutte ! » Cette combinaison lui parait impossible. Elle ne l'est probablement pas. Qui sait même si des patrons n'ont pas déjà l'habitude de retenir sur chaque paye hebdomadaire ou mensuelle une faible partie du salaire, du consentement de l'ouvrier et de son propriétaire, pour le paiement de la location due à ce dernier? La chose, en tout cas, est facile et praticable. Et les frais d'encaissement que redoute M. Faguet, par des employés spéciaux, seraient ainsi complètement supprimés. D'autre part, les propriétaires trouvant, dans ce procédé, de sérieuses garanties de paiement régulier, pourraient faire des concessions de prix dont les ouvriers seraient, par surcroît, bénéficiaires.

« Le Socialisme en soi, en son fond, dit M. Faguet, dans ses conclusions, est une doctrine morale qui est irréprochable et salutaire et que, comme doctrine morale, il faut répandre par tous les peuples, comme une religion. »

La participation des ouvriers aux bénéfices fait indiscutablement partie de cette doctrine morale, et quoique M. Faguet l'ait d'abord classée au nombre des pseudo-socialismes, il la recommande, en dernière analyse, parmi les méthodes à suivre du « socialisme pratique ».

Nous ne pouvons que nous associer à cette conclusion qui fera vite oublier, aux participationnistes convaincus, les mordantes mais inoffensives critiques préliminaires.

———

§ 6

A propos d'un article do M. Bureau (1)

Août 1906.

Monsieur le Directeur,

Voulez-vous permettre à un des amis les plus attachés de *Demain* de vous soumettre quelques réflexions à propos de l'article de M. Bureau : « La Participation aux Bénéfices » (*Demain*, 6 juillet 1906) ?

———

(1) Lettre à *Demain*. Nº du 28 septembre 1906.

Connaissant, par ses ouvrages, votre excellent collaborateur et sa compétence particulière pour traiter cette question si actuelle, j'attendais impatiemment son étude ; elle a paru telle que je la prévoyais, mais non telle que je la souhaitais.

Dans l'action sociale qui se dessine *urbi et orbi*, un des moyens les plus efficaces d'améliorer le sort des ouvriers, — tout le monde en convient, en principe, — est d'intéresser l'ouvrier, comme l'employé, aux résultats de l'entreprise.

Michel Chevalier, cité par M. Bureau, écrivait encore, en 1848 : « La participation aux bénéfices est destinée à changer le caractère de l'industrie en changeant celui de la masse des travailleurs. Elle donnera à ceux-ci une dignité, un amour de l'ordre, un esprit de conduite auxquels ils ne parviendraient pas autrement... Ce sont surtout les motifs de l'ordre moral, politique et social qui, quant à présent, me la font ardemment désirer ».

Ces motifs d'ordre moral et social, qui étaient la principale raison d'être de la participation, n'ont, semble-t-il, pas toujours tenu la place qui leur revenait, dans l'esprit des participationnistes et surtout dans celui des auteurs qui ont traité le sujet.

On a, le plus souvent, rapetissé la question à une affaire de gros sous et d'intérêt purement matériel.

Leclaire, le père reconnu de la participation, n'avait cependant pas en vue seulement l'amélioration du salaire de ses ouvriers et l'augmentation de ses bénéfices : il voulait éteindre l'antagonisme entre patrons et ouvriers et faire disparaître la cause des grèves dans sa maison.

« Ouvriers et employés, — écrivait-il en 1864, dans ses instructions à son personnel, — sociétaires ou non, tous doivent se dire : le sort de nos familles est ici, donc travaillons avec courage, instruisons nos enfants, dirigeons-les de manière à ce qu'un jour ils puissent faire de bons pères de famille, de bons citoyens.

« Apprenons-leur tout le respect qu'on doit aux autres si l'on veut être respecté soi-même.

« Apprenons-leur que la liberté de chacun s'arrête où la liberté d'autrui commence à être atteinte ; apprenons-leur que la liberté de tous est le respect scrupuleux, absolu du droit d'autrui, la crainte incessante de froisser les personnes avec lesquelles on a des rapports d'intérêts ou non ; enfin, que la liberté pour soi, comme la liberté pour les autres, n'est autre chose que la mise en pratique de ce divin précepte qui dit : Ne faisons pas à autrui ce que nous ne voudrions pas qu'il nous fût fait, et qui ajoute, en nous traçant notre devoir : Faisons à autrui tout ce que nous voudrions qu'on nous fît ».

Leclaire n'était certes pas un économiste orthodoxe ; mais il créa une œuvre qui assure une longue mémoire à son nom et il fit des heureux, ce qui est, je crois, de l'orthodoxie et de la meilleure.

En 1876, la maison Leclaire servait ou avait servi à soixante-trois ouvriers et veuves d'ouvriers, des rentes s'élevant à la somme totale annuelle de cinquante-et-un mille quinze francs, soit une moyenne de huit cents francs par ouvrier.

Pourquoi une organisation donnant de si beaux résultats est-elle peu répandue et peu pratiquée ?

That is the question.

M. Bureau rappelle qu'une société a été fondée en 1879 pour l'étude pratique de la participation du personnel dans les bénéfices, et il ajoute que cette société publie depuis cette époque un bulletin trimestriel « au milieu de l'indifférence générale ».

Comment expliquer cette indifférence lorsque, d'autre part, votre collaborateur affirme que le système du partage des profits a été l'objet d'une propagande active et que rien de ce qui peut servir à la divulgation d'une idée ne lui a fait défaut : revues et journaux, congrès et commissions parlementaires, orateurs infatigables et publicistes de renom ?

Les meilleurs auteurs qui ont étudié la participation ont manifesté, fréquemment, sur son action sociale, un scepticisme qui, à mon sens, explique dans une large mesure l'extension insuffisante de ce mode d'amélioration du salariat.

Je ne veux certainement pas prendre à partie votre sympathique collaborateur ; je relèverai seulement quelques lignes de son ouvrage primé en 1896 par le « Musée social ».

« On a tort de croire, dit M. Bureau (page 231), que la participation aux bénéfices soit une institution nécessaire au maintien et au développement de la paix sociale, et de chercher l'harmonie des rapports entre patrons et ouvriers dans une organisation contractuelle qui, fusionnant les intérêts des uns et des autres, répartirait automatiquement les bénéfices entre eux ».

Reconnaissons l'écart, le malentendu, pourrais-je dire, qui s'est produit entre Leclaire et les vulgarisateurs de son idée.

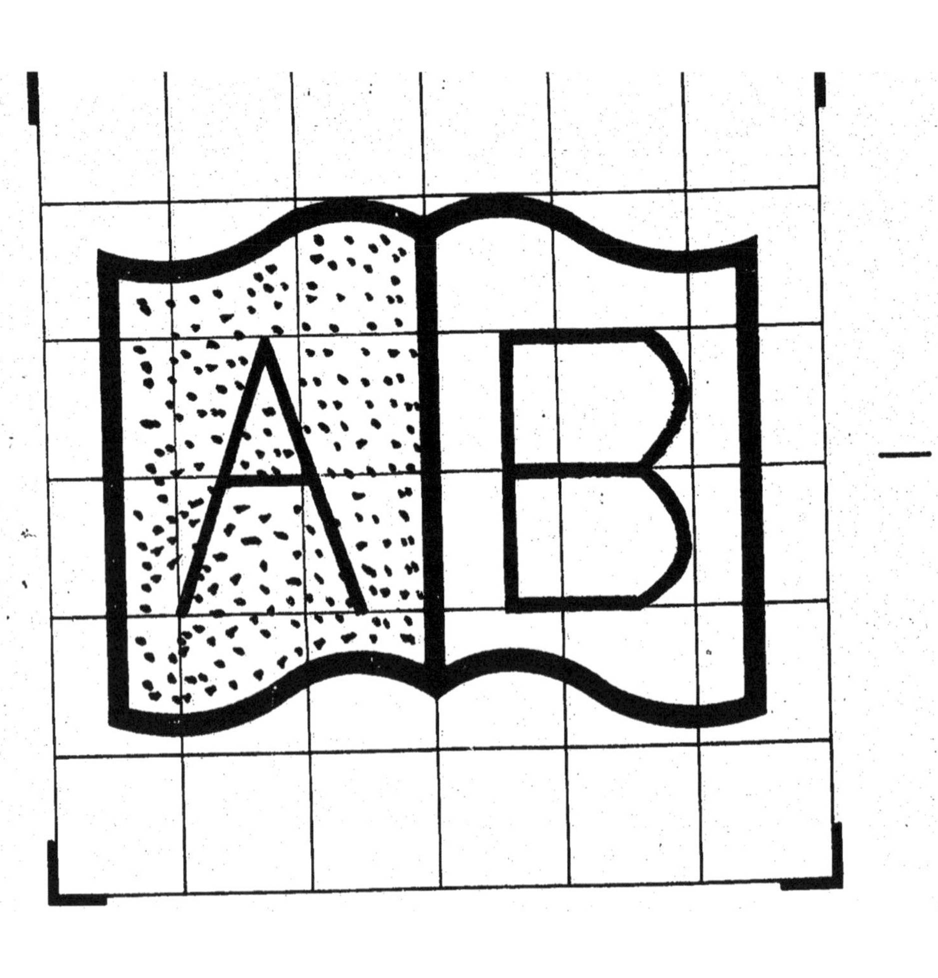

M. Bureau précise trois reproches principaux que les ouvriers feraient à la participation aux bénéfices :

1º Les ouvriers ne prennent pas part à la direction de l'entreprise, il leur paraîtrait contraire à l'équité d'être soumis aux conséquences de décisions prises sans les consulter.

Nous serions surpris que le bon sens des ouvriers n'eût pas rapidement raison de cette objection. Ils savent bien que tout le monde ne peut pas commander à la fois. La plupart d'entre eux font partie de sociétés diverses, secours mutuels, sociétés musicales, etc.; là aussi, il y a une direction, un conseil d'administration qui décide ; les sociétaires se conforment simplement aux décisions prises en dehors d'eux et trouvent cela naturel. Les ouvriers intéressés aux résultats généraux de l'entreprise industrielle trouveront non moins naturel et nécessaire que les décisions importantes soient prises par ceux qui sont responsables de la marche de l'industrie.

2º Les ouvriers se plaignent de ce que les salaires portés jadis au compte « frais généraux » figurent désormais au compte « profits et pertes ».

Nous ne croyons pas que cette question d'étiquette et de comptabilité ait une réelle importance aux yeux des ouvriers pour qui le langage du « Doit et Avoir » est généralement de l'hébreu.

L'ouvrier intéressé aux bénéfices saura qu'en plus de son salaire habituel, il aura droit à une part du boni de l'entreprise ; il ne se préoccupera pas des détails de la comptabilité, et, ayant confiance dans son patron, le secondant de tous les efforts de son intelligence et de sa bonne volonté, il attendra patiemment les résultats de l'inventaire. Et c'est ce commun intérêt au succès de l'entreprise qui serait peut-être le meilleur antidote à l'antagonisme ouvrier.

3º Le dernier et très grave reproche que M. Bureau adresse à la participation aux bénéfices, d'être en contradiction directe avec le groupement professionnel, ne constituerait-il pas, au contraire, une de ses vertus principales ?

Le mouvement syndical ouvrier a donné, au cours de cette année, un aperçu de ses tendances funestes, révolutionnaires. On connaît le virus mortel inoculé à la plupart des organes syndicaux ; on a vu, jusque dans les administrations de l'Etat, le microbe syndical répandre ses ravages inquiétants. Il semble donc que tout ce qui maîtrisera et réfrénera le mouvement syndicaliste, sans le briser et l'anéantir, doit être approuvé et recherché. C'est sur ce point que je protesterais le plus énergiquement contre la doctrine de M. Bureau.

« La participation aux bénéfices, dit-il plus loin, repose essentiellement sur cette donnée que les ouvriers d'un établissement industriel déterminé doivent se serrer autour de leur patron contre les ouvriers et les patrons des autres établissements, chaque usine devenant

une unité économique et professionnelle armée
contre toutes les autres ».

Voici, excellemment représentée, l'unité
sociale, la force sociale de la participation aux
bénéfices. Les ouvriers se serrent autour de
leur patron comme les soldats autour de leur
chef et de leur drapeau.

Le patron n'est-il pas la personnification de
l'usine, de l'industrie ? N'est-ce pas lui qui a
la responsabilité, les soucis, l'honneur peut-
être du succès industriel, mais aussi, hélas !
les risques de la faillite ?

L'usine, c'est le vaisseau sur l'océan : le patron, c'est le capitaine. Au fort de la tempête,
l'équipage n'a que faire des milliers de marins
en sûreté dans le port, et qui représentent le
groupement professionnel ; mais il sait que
son existence dépend de l'habileté et du sang-
froid du capitaine ; aussi obéit-il avec intelligence et courage au sifflet de commandement ;
il sait que si la manœuvre bien commandée
est mal exécutée, c'est l'engloutissement dans

les flots. Aussi, tous les cœurs battent à l'unisson, et lorsque la tempête a fui, un fluide sympathique a rapproché tous les êtres exposés au même danger.

MM. les Economistes ne veulent voir partout que les intérêts opposés, que la lutte fatale des forts et des faibles ; ils ignorent les *vains sentiments.*

Non ! ne méprisons pas le sentiment social qui est peut-être une force plus puissante que la science économique.

Leclaire n'était pas un économiste.

« Vous ne vous êtes jamais occupé de l'origine du « capital », ni de ceux qui le possèdent, lui écrivait, le 15 janvier 1869, M. Chevreul ; simple ouvrier arrivé de votre village dans la grande ville, vous ne le connaissiez que de nom : mais qu'avez-vous fait à Paris ? Ouvrier probe, actif, intelligent, vous avez montré comment on peut l'acquérir, comment on peut le consolider en l'augmentant toujours ; enfin, en y faisant participer vos ouvriers, vous avez montré le moyen de l'acquérir honorablement sans dépouiller ceux qui l'ont reçu de leurs pères ».

Ces lignes datent de près de quarante ans; elles m'ont paru dignes d'être rappelées, quelque temps après le discours de M. Jaurès et de M. Clémenceau, à la Chambre des députés.

L'accession progressive à la propriété est généralement préconisée comme le meilleur moyen d'améliorer la situation des salariés. Or, il semble difficile de contester que, pour créer le petit capital, la petite propriété, le procédé naturel et logique ne soit d'ajouter au salaire une quote-part des bénéfices, quote-part dont l'emploi à déterminer favoriserait l'épargne, source de tout capital, fondement de toute propriété.

La participation aux bénéfices est, en vérité, considérée par les économistes comme une institution très recommandable, mais les restrictions et les objections scolastiques abondent autour des définitions élogieuses. La foi manque aux diserts écrivains ; et c'est à la propagation de cette foi dans l'utilité de la participation aux bénéfices que pourraient, à mon humble avis, être consacrés beaucoup d'efforts qui se portent vers des méthodes plus ingénieuses peut-être et plus savantes, mais moins « pratiques », moins urgentes et moins « sociales ».

IV

LA SOLIDARITÉ (1)

Le mot « solidarité » n'a pas depuis longtemps droit de cité dans notre langue ; il ne figure pas dans les premières éditions du Dictionnaire de l'Académie ; et cependant il y a peu de mots qui soient plus fréquemment employés depuis quelques années.

En tout cas, si le mot est presque nouveau, la chose est, certes, ancienne ; elle est aussi vieille que le monde.

Ne voyons-nous pas, dès le Paradis Terrestre, Adam condamné « par solidarité », comme conséquence du flirt d'Ève avec le Serpent ?

***

La solidarité, a-t-on dit, c'est tout simplement la charité « laïcisée ». Cela n'est exact

______
(1) *Dépêche* du 10 Novembre 1906.

que dans une certaine mesure ; en ce sens qu'elle ne se prévaut d'aucun dogme religieux et qu'elle agit en dehors et à côté des mobiles qui inspirent la charité. La différence capitale qui existe entre ces deux « vertus sociales » réside ailleurs.

La charité, dont l'inoubliable et glorieuse carrière se poursuit à travers tous les âges, repose sur le même principe d'autorité absolue qui est à la base de la royauté, *mutatis mutandis*. On fait des charités, on donne, parce que l'on veut bien donner, parce que tel est le bon plaisir de celui qui donne ; on donne à telle personne, et non à telle autre, et cette dernière ne peut se plaindre : on ne lui doit rien.

C'est contre ce principe d'autorité absolue, c'est contre « le bon plaisir » non seulement des rois, mais aussi des citoyens, que s'est inscrit en révision 'esprit public.

Le sentiment populaire proteste contre tout ce qui est autorité pure, irraisonnée, irrationnelle.

La fraternité, qui eut son heure de gloire, et ses défaillances, procède déjà de cette évolution. C'est une transition entre la charité et la solidarité. On y découvre le droit naturel qui « oblige » les frères — d'une même famille, d'une même nation — à certains devoirs et crée certaines obligations entre eux.

Les abus de l'autorité royale pendant de longs siècles devaient amener cette réaction, et c'est là, dans les abus du « bon plaisir » qu'il faut voir le point de départ du mouvement qui tend depuis 1789 à substituer au principe autoritaire le principe juridique, et qui fait succéder, ou qui ajoute aujourd'hui, à la charité et à la fraternité — la solidarité.

**

La charité — comme la fraternité — est un devoir moral ; le christianisme en a fait une obligation morale, avec la seule sanction de la conscience, j'entends la conscience personnelle de celui qui fait ou refuse la charité, et la conscience publique, c'est-à-dire celle de celui qui voit faire ou refuser la charité, qu'il en bénéficie ou non.

La fraternité républicaine, et plus simplement la fraternité, formulée maintes fois dans des monuments politiques et législatifs, inscrite en lettres d'or sur les édifices publics, a été recommandée longtemps avant par le divin fondateur de l'Eglise.

Elle, aussi, s'est laïcisée.

Plût au ciel que s'ignorant l'une et l'autre, la fraternité et la charité se fussent partagé l'humanité entière. Elles peuvent, autant l'une que l'autre, prétendre travailler au bien général. Que chacune lutte donc courtoisement et dispense généreusement ses bienfaits et son influence salutaire.

Ah ! si, loin de la politique et de toute passion confessionnelle, fraternité et charité s'étaient liguées dans l'intérêt exclusif des classes laborieuses, combien la question sociale serait allégée, combien les antagonismes entre patrons et ouvriers, entre riches et pauvres, auraient été vite apaisés ! Ces antagonismes ne se seraient peut-être même pas montrés.

Pourquoi la fraternité républicaine aussi bien que la charité chrétienne en sont-elles réduites à constater leur impuissance ? Pourquoi, ayant eu, l'une aussi bien que l'autre, toute latitude pour étendre leur action généreuse et pénétrer les esprits de leurs bienfaisantes doctrines, pourquoi ont-elles laissé surgir, grandir et se multiplier, les plaintes, les inquiétudes, les misères populaires ?

Faut-il encore parler de faillite ?

Non ! que les pessimistes cherchent plus ou moins vainement le pourquoi de ce qui existe. Le malaise est évident et crève les yeux. Cela suffit. Efforçons-nous de faire disparaître ce malaise social sans remonter à ses causes, certainement nombreuses et diverses.

L'école solidariste est née, il y a quelque dix ans, de la recherche du mieux-être social.

Un débat fut institué jadis entre M. d'Haussonville et M. Léon Bourgeois sur les divergences de la doctrine catholique et de la doctrine solidariste. Une semblable discussion manque d'intérêt actuellement. Ce qui importe, ce ne sont pas les querelles de mots, c'est la pratique des principes. Quel que soit le drapeau : solidarité, charité ou fraternité, tous mènent, par des voies différentes, le bon combat pour l'amélioration sociale. Que chacun de nous s'enrôle donc dans l'arme qui a ses préférences ; que chacun choisisse son uniforme. Sur le champ de bataille, le même élan n'entraîne-t-il pas dragons, fantassins, artilleurs ?

On a dit souvent déjà que la question sociale est une question juridique.

La solidarité comporte cet avantage qu'elle a son fondement dans le « droit social » ; elle elle est donc adéquate au postulat théoriquement exigé.

Il est vrai qu'on a soutenu que la solidarité formule un devoir, non un droit. Mais le droit n'est-il pas le corollaire obligé du devoir, sa contre-partie inévitable ?

A tout droit correspond un devoir, et réciproquement. Il en est de même pour une dette
qui suppose forcément un débiteur et un
créancier : la personne qui doit la dette et la
personne à qui la dette est due. Mais le droit
— son étendue surtout — est parfois plus
difficile à définir et à préciser, que le devoir.
Il y a là comme en toutes choses, une question
de « proportion » peu aisée à déterminer.

Lorsque Karl Marx affirme le caractère
« social » de la production et le caractère
« individuel » de l'appropriation, il énonce des
faits partiellement exacts : son erreur est une
« erreur de proportion » dont nous reparlerons
un jour.

La solidarité fait suite à la charité et à la
fraternité, elle les complète, si l'on peut ainsi
parler et justifie les aspirations sociales dans
un « droit fondamental » ; mais elle ne veut
sans doute pas s'exposer aussi à une erreur de
proportion et faire place nette autour d'elle.

Il faut reconnaître qu'en isolant et en mettant
en relief le lien qui unit les intérêts individuels

à l'intérêt général et les intérêts individuels
entre eux, lien auquel sont rattachés un droit
et un devoir, corollaires l'un de l'autre, la
solidarité, en ajoutant ce « droit social », ce
« devoir social » au « devoir moral » de la
charité et de la fraternité, satisfait l'idéal populaire et fournit aux aspirations modernes le
point d'appui juridique — logique et normal
— qui leur manquait.

En dirigeant le « solidarisme » dans les voies
justes et légales imposées par l'ordre public,
en le préservant des excès repoussés par le
bon sens, en l'immunisant de la manière la
plus rigoureuse contre l'esprit sectaire et autoritaire, et en formulant nettement sa puissance
juridique, les « solidaristes » conserveront toute
sa valeur sociale à l'idée de solidarité, qui,
cultivée avec la lenteur et la patience indispensables à toute culture productive, pourra
régénérer l'humanité et faire apparaître la Cité
meilleure, cachée derrière les fumées du
collectivisme.

V

UN PEU D'ÉCONOMIE POLITIQUE (1)

L'économie politique est une science qui vaut mieux que sa réputation — dans le monde où on l'ignore. On la croit habituellement ardue et superflue, tandis qu'elle est, en réalité, presque passionnante, et, à tous les points de vue précieuse. Son seul tort est d'être insuffisamment répandue, conséquemment mal connue — pour ne pas dire méconnue.

Les vulgarisateurs qui jettent à pleines plumes, à travers le monde, et souvent prématurément, les découvertes scientifiques, industrielles, médicales, etc., devraient bien, pour compenser les erreurs et les déceptions qui peuvent leur être imputables, employer un

____

(1) *Dépêche* du 11 Janvier 1907.

peu de leur temps, de leur encre et de leur talent à populariser les principes rudimentaires de l'économie politique. Ils aideraient puissamment à l'éducation publique, en attendant que les éléments de cette science fassent partie de l'enseignement primaire où leur place est indiquée, peut-être avec autant pour ne pas dire plus d'utilité, à côté des notions civiques et politiques.

Selon M. Leroy-Beaulieu, la science économique recueille, par l'observation, les règles générales auxquelles sont soumises la production, la distribution, la circulation et la consommation des richesses.

Je suis persuadé que beaucoup de lecteurs — je le leur ai bien entendu dire — aiment apprendre ou se rappeler, en lisant leur journal, des rudiments souvent oubliés.

Sans doute le propre d'un journal est d'informer plutôt que d'enseigner. Cependant l'action éducatrice de la presse n'est pas douteuse ; et malheureusement cette action, quand elle opère dans la voie pornographique, ne passe pas inaperçue.

Le premier traité d'économie politique, celui d'Antoine de Montchrétien remonte à 1615 ; on peut penser que depuis cette époque les idées ont fait du chemin et que les traités ont succédé aux traités.

« En dégageant les lois qui concernent la production et les mouvements des richesses, a écrit M. Leroy-Beaulieu, l'économie politique cherche à éclairer et à servir l'humanité, à lui éviter des erreurs nuisibles, des tâtonnements coûteux et des arrangements préjudiciables, à prévenir ou à corriger les fautes des hommes d'Etat et ce que l'on a pittoresquement appelé les péchés des législateurs ».

Nos législateurs ont la conscience assez complaisante pour ne pas se soucier plus de ces péchés que de leur premier bulletin de vote. Mais comme c'est sur nous que ces péchés retombent, nous serions les plus coupables de ne pas faire tout ce qui est en notre pouvoir pour échapper aux conséquences de fautes que nous ne commettons pas.

Et puisque la science économique enferme les lumières qui éclairent la marche de l'humanité, n'hésitons pas à recourir à ses enseignements.

Faut-il prétendre que nous y trouverons la clef de tous les problèmes sociaux? Ma foi, non ! Et je n'oublie pas que j'ai pris la plume précisément pour discuter une théorie économique admise, contre laquelle j'ai déjà protesté ici même (1) : je veux parler de la loi des salaires.

Mais si l'économie politique ne nous promet pas la pierre philosophale sociale, elle nous apporte en tous cas un concours qui n'est pas à dédaigner.

On sait que la majorité des économistes assimilent le travail à une marchandise, et que

____

(1) *Dépêche de Lyon* du 7 Septembre 1906. *Supra*, page 31.

pour eux, le prix du travail, comme le prix de toutes les autres marchandises, est déterminé par les rapports de l'offre et de la demande, c'est-à-dire par la concurrence. Mais il faut bien reconnaître que cette loi économique n'est acceptée qu'à défaut d'une autre meilleure, que l'on cherche en vain depuis longtemps. M. Ch. Gide avoue que nous devons même renoncer à découvrir « une » cause du salaire.

« Non seulement on ne peut pas découvrir une loi naturelle des salaires, a écrit le savant professeur, mais on ne peut même formuler une loi « rationnelle » des salaires. Le problème se pose en ces termes : étant donné deux facteurs, dont l'un est le travail manuel seul, et l'autre le capital seul, qui coopèrent à une entreprise quelconque, quelle est théoriquement la part qui doit revenir à chacun d'eux dans le produit ? »

Stuart Mill, le grand économiste anglais, donnait au même problème une tournure fantaisiste et disait : étant donné les deux lames d'une paire de ciseaux employées à couper

une étoffe, quelle est celle des deux qui a droit
à la plus grosse part ?

Et Stuart Mill, comme M. Gide, considérait
son problème comme insoluble.

Les théories les plus variées ont été sou-
tenues pour expliquer la fonction du salaire.
Les six pages de ce journal ne suffiraient pas
pour les exposer, même sommairement. Les
arguments les plus contradictoires ont été
développés.

On enseigne généralement que le salariat est
un progrès sur l'association primitive. Le salaire
serait un simple dérivé de l'association. A un
moment donné, les proportions sans doute
trop considérables de l'association primitive
en auraient fait abandonner le principe ; les
travailleurs auraient éprouvé le besoin de
s'émanciper, de s'individualiser, et d'associés
se seraient transformés tout naturellement en
salariés. Renonçant à une part commune et
indivise sur un produit difficile peut-être à

partager, les ouvriers auraient été instinctivement amenés à fixer d'avance et à forfait la part devant, selon les probabilités, leur revenir dans le produit du travail.

J'estime que pour trouver la « cause » du salaire il faut remonter à cette association primitive.

Lorsque M. Gide, pour formuler le problème rappelé ci-dessus, suppose Robinson dans son île, fournissant un canot et un filet à Vendredi qui ne fournit que ses bras, « une » solution, sinon « la » solution — équitable nous apparaît bien vite, si, au lieu d'évoquer la loi de concurrence, nous appliquons la loi d'association ; autrement dit, si au lieu de supposer un contrat de vente ou de louage, nous supposons un contrat de société.

Envisagés individuellement, Robinson et Vendredi sont deux hommes sujets aux mêmes besoins, aux mêmes nécessités. L'un a peut-être une supériorité intellectuelle ; l'autre est probablement doué d'une force physique supérieure. Si Robinson possède un capital, Vendredi possède vraisemblablement une habileté professionnelle de pêcheur, qui, avec un peu de bonne volonté est considérée aussi comme un capital. Et puis Robinson promène peut-être inutilement son canot et son filet depuis plusieurs jours ; et il a faim. Rencontrant Vendredi, va-t-il lui proposer un marché, va-t-il discuter le prix de son travail ? Non ; ils vont mettre en commun leurs besoins, leur avoir : matériel et savoir-faire ; — capital et travail ; et ils partageront « équitablement » le produit de la pêche. Par moitié, en principe — ayant les mêmes besoins ; mais dans des proportions inégales si cela paraît « juste et nécessaire » et selon les circonstances.

La journée finie, Vendredi rapporte dix paniers de poissons. Combien, demande M. Gide, doit-il en revenir à Robinson (le capital)? Combien à Vendredi (le travail)?

Nous sommes conduits logiquement et équitablement à répondre : une moitié à chacun. Aucune raison n'apparaît, en effet, ici, qui exige qu'une part plus forte soit attribuée à l'un ou à l'autre des « associés ».

Que si nous examinons, à son tour, le problème de Stuart Mill, nous n'hésitons pas à partager exactement par moitié l'étoffe coupée par les deux lames de la paire de ciseaux. Et cette « fantaisie » d'économiste nous paraît même apporter un argument « sérieux » à notre démonstration.

Peut-on, en effet, imaginer une association plus étroite que celle de deux lames de ciseaux ? Et peut-on alléguer une seule raison qui militerait en faveur d'une part d'étoffe plus grosse pour une des lames ? Evidemment non.

Si jamais un quasi-contrat d'association a existé, si jamais une « société de fait » s'est formée, à l'insu même des intéressés, c'est bien lorsque ces deux lames de ciseaux ont été réunies pour travailler ensemble. Et cette paire de ciseaux pourrait être l'emblème de l'association de fait qui lie le capital au travail.

Remarquons, en passant, une analogie symptomatique : la lame de ciseaux isolée, séparée de son « associée » est impropre à tout service, de même que le capital est improductif sans le travail, et le travail impossible sans un capital, aussi minime qu'il soit.

Le capital représenté communément par l'argent, est une chose inerte, sans vie ; c'est le travail qui vivifie le capital.

De son côté, le travail, représenté par le bras de l'homme, est sans force effective, sans valeur réelle, s'il n'a pas à sa disposition un outil, lequel, valut-il seulement quarante sous, est un capital.

Les conclusions forcément écourtées, de ce article déjà trop long, tendraient donc à soustraire le salaire à la loi exclusive et souvent tyrannique de l'offre et de la demande, et à soumettre le contrat de travail librement débattu entre les intéressés, et selon leurs préférences, aux régimes juridiques soit du contrat de louage, soit du contrat de société.

VI

LE SALAIRE (1)

Au lieu du prix d'une pseudo-marchandise
— le travail — si le salaire est reconnu représenter la quote-part, fixée à forfait, revenant à
l'ouvrier dans le profit de l'entreprise, il résulterait de la généralisation de cette doctrine des
conséquences dont la répercussion sur les tendances sociales actuelles ne saurait être que
salutaire.

L'opposition, chaque jour plus intense, des
intérêts individuels trouverait dans ce principe
économique et juridique un dérivatif, un pal-
liatif.

Il est chimérique de vouloir confondre, au
point de ne les pas distinguer, les droits et les

---

(1) *Dépêche* du 24 août 1907.

intérêts individuels. Aboutir à ce résultat chaotique, serait dépasser le but et tomber de Charybde en Scylla. Le remède serait pire que le mal.

Le maintien de l'individualisation des intérêts matériels et des droits de chaque citoyen s'impose à l'égal du respect de l'individualité humaine.

De même qu'il est impossible de « confondre » deux personnes l'une dans l'autre, physiquement, de les mélanger ; de même il est socialement inadmissible de « confondre » l'un dans l'autre l'intérêt et le droit de deux personnes.

Deux hommes peuvent être unis par l'amitié la plus intime, mais ils seront toujours « deux ».

Les intérêts de ces deux hommes peuvent être mis en commun pour telle et telle fin : société commerciale, entreprise industrielle, travaux littéraires, etc.; mais ces intérêts devenus momentanément communs, pourront toujours, à n'importe quelle époque, se séparer, et redevenir individuels, à la volonté de l'un ou de l'autre. Il y a là un droit naturel contre l'indivision, imprescriptible et invincible.

Cet individualisme qui est dans l'essence même de la nature humaine, suit l'homme dans tous ses attributs : force, intelligence, volonté.

Celui qui voudrait s'incorporer la force physique, ou l'intelligence, ou la volonté d'un autre homme, aurait perdu son bon sens.

Toute théorie qui aurait pour objectif l'absorption totale et effective, l'incorporation dans la personne morale de l'Etat ou d'une collectivité, des droits et des intérêts individuels et de la force, de l'intelligence, de la volonté de tous les citoyens d'une nation, une semblable théorie serait, au même titre, dénuée de sens commun.

Et pourtant n'est-ce pas à cette doctrine de « confusion sociale » que s'évertuent les faits et gestes des docteurs ès collectivisme ?

Aussi paraît-il opportun de rechercher dans les aspirations sociales modernes ce qui justifie les tendances anti-individualistes, et leur propension vers les principes d'association.

∗∗∗

On a dit que l'individualisme est le contraire de l'esprit d'association. Cela n'est exact que dans une mesure relative, et seulement lorsque l'esprit individualiste s'hypertrophie, si l'on peut ainsi parler, lorsqu'il se développe à l'excès et devient anti-social.

Les individuellistes les plus convaincus ne doivent pas et ne peuvent pas oublier qu'ils sont membres d'une société humaine et qu'en cette qualité, s'ils ont des droits, ils ont aussi des obligations, dont la première est de ne rien faire qui soit préjudiciable à l'intérêt général de la société dont ils font partie.

Ils ont le droit, MM. les individuellistes, de travailler sans trève ni repos à la réussite de leurs affaires personnelles ; il leur est loisible, dans cette vue, d'user des concours qui s'offrent à eux librement ainsi que des biens et des avantages innombrables, matériels et immatériels, qui constituent le patrimoine de la société dont ils sont les membres.

Mais, en retour, ils ont l'obligation, le devoir, non seulement de conserver ce patrimoine social, mais de l'accroître comme ont fait leurs ancêtres.

Or, pour augmenter le patrimoine de la société, il faut que l'individualisme fasse bon ménage avec l'esprit d'association, au lieu de le considérer comme son « contraire » ; il faut qu'un *modus vivendi* règne entre eux, et que les individualistes les plus égoïstes, aussi bien que tous les citoyens, soient pénétrés de « l'esprit social » comme les parents et les enfants doivent être imprégnés de « l'esprit de famille ».

Qu'est-ce donc que l'esprit social ?

Demandez à un enfant en quoi consiste l'esprit de famille. Il vous répondra : à bien aimer son père, sa mère, ses frères et ses sœurs, ses cousins et cousines — surtout ses cousines, ajoutera-t-il, s'il a 18 ou 20 ans et s'il est fûté ;

puis à faire de bonnes études pour assurer le bonheur de ses parents et son propre avenir ; enfin, à entrer dans une carrière délibérément choisie et dans laquelle on s'efforce de faire honneur à son nom et d'être utile à sa famille.

Et maintenant, qu'est-ce que l'esprit social ?

N'est-ce pas simplement aimer tous ceux au milieu de qui la vie nous a placés, tous ceux avec qui nous sommes en rapport d'affaires ou autrement ? Sans doute le verbe « aimer » est pris ici dans le sens le plus général, le plus élastique ; qu'on dise sympathie, altruisme, philanthrophie, charité, solidarité, tous les mots sont bons ; peu importe la lettre, l'esprit suffit. Et peut-être aurons-nous assez clairement fait entendre en quoi se concrétise l'esprit social, en le résumant ainsi : c'est croire au bien plutôt qu'au mal ; c'est voir partout autour de soi des amis et non des adversaires ni des ennemis ; c'est avoir, *à priori*, à l'égard de tout le monde, sans distinction de politique ou de religion, une idée préconçue affectueuse et dévouée et non hostile, et enfin ne quitter ces

dispositions confiantes que vis-à-vis des gens
dont le démérite nous est personnellement
certain.

Il nous reste à rechercher quelle relation
peut exister entre le salaire et cet esprit social,
et quelles conséquences peuvent en être dé-
duites et espérées.

Le salaire, soumis comme il l'est actuellement à la seule loi de la concurrence, subit,
par ce fait même, les exigences du régime individualiste intégral et le plus rigoureux.
Arrêté et débattu comme prix de la marchan-
dise-travail, il est naturellement fixé par l'acheteur — le patron — le plus bas possible. Et
l'échelle des salaires peut marquer l'étiage de
l'antagonisme ouvrier.

Mais si l'esprit social, que je serais porté à
appeler l'esprit « sociétaire », s'insinue dans
les rapports de patron à ouvrier ; si, au lieu
de prendre sur le marché du travail le maximum de bras — au plus bas prix — sauf à se
contenter d'une main d'œuvre inférieure, si,
dis-je, le patron, choisissant le nombre normal

d'ouvriers nécessaires à la marche de son usine, les embauche avec la volonté de les rémunérer normalement, en proportion avec leurs services et avec ses propres bénéfices, alors l'antagonisme ouvrier s'apaisera peu à peu, parce que l'esprit individualiste sera mitigé par l'esprit sociétaire, par l'esprit d'association.

L'usine ne sera plus le « fief économique bourgeois » qui a succédé au « fief politique seigneurial », elle sera la « maison démocratique du travail » où chacun serait payé selon ses œuvres et ses facultés.

Pour arriver à leur fin qui est le communisme, les collectivistes sapent, à coups redoublés, la propriété individuelle : l'usine aussi bien que le domaine rural.

Ils affirment que la propriété individuelle n'existe que parce qu'on y croit ; de même que Dieu n'existe qu'autant qu'on croit en lui.

M. Emmanuel Lévy a écrit : « La propriété individuelle ne repose que sur des croyances collectives ». Les collectivistes disent encore : il faut que tous ceux qui travaillent possèdent et pour cela il faut posséder en commun. Non ! Il faut travailler en commun, c'est-à-dire en vue d'un profit commun à partager, mais il faut posséder individuellement ; donc, travailler comme des associés, pour posséder comme des particuliers. Et travailler comme des associés, cela signifie, non plus avec les sentiments d'indifférence et d'hostilité trop longtemps logés dans la tête des travailleurs, mais avec l'esprit social le plus pur, le plus élevé, fait de concorde, de dévouement réciproque, de justice et de liberté.

Et il n'est peut-être pas téméraire de penser que les salaires issus d'un tel régime, loin d'être la cause de conflits néfastes et cruels, seraient désormais l'occasion de rapprochements sympathiques et d'attachements durables.

Utopie pour utopie, si tout cela en est une, il ne peut être défendu de la préférer à l'utopie collectiviste et révolutionnaire.

VII

LE SYNDICALISME (1)

A l'heure actuelle, le Syndicalisme est une arme qui, à l'instar du sabre de M. Prudhomme, est bonne pour... jeter bas la société capitaliste, et au besoin pour la défendre.

Le syndicalisme est en effet préconisé, tour à tour, par les révolutionnaires les plus farouches et par les libéraux les plus orthodoxes.

Quelle est donc l'explication de cet accord imprévu et peu banal ?

Les partisans de l'ordre sont-ils fondés à se réjouir en voyant les partisans du désordre travailler, sans s'en douter, à un mouvement conforme au salut de la société ? Ou bien, au

____

(1) *Dépêche* du 12 Février 1907.

contraire, sont-ils les victimes d'un mirage, plein de douces illusions, et qui se dissipera le jour de la Révolution ?

Le dilemme mérite, il me semble, qu'on l'examine de près.

La loi du 21 mars 1884, organisatrice des syndicats professionnels, a été votée dans un but de pacification sociale. Il existait déjà à cette époque un nombre assez élevé de syndicats ; d'après une statistique, on comptait alors 237 syndicats ouvriers comprenant 50.000 adhérents, et 85 chambres syndicales de patrons. Le législateur de 1884 n'a pas créé, en effet, les syndicats ; il leur a donné l'existence légale, et, conséquence naturelle, a provoqué et encouragé leur diffusion.

Les premiers syndicats ouvriers remontent à 1863, et les premières chambres syndicales à 1848. C'est sous cette forme que le besoin inné d'association se manifestait de nouveau, après avoir été longtemps refoulé et comprimé.

Entre 1776, date de l'abolition des corporations, maîtrises et jurandes, et 1884, date de la naissance légale des associations professionnelles, la liberté du travail proclamée par les lois des 2 et 17 mars 1791, avait rejeté dans le chaos tout le monde des travailleurs.

Les corporations du moyen-âge, qui furent chez nous les premières associations professionnelles, étaient nées de la force des choses. Sous les noms de « collèges » ou « hétairies », elles existaient déjà à Rome et en Grèce. D'après M. Glotin, on peut citer la corporation ou le collège des bateliers de la Seine dont la création remonterait à l'empire romain, et qui a donné à la ville de Paris la galère et la devise figurant encore aujourd'hui dans ses armoiries.

A la disparition de l'esclavage et du servage, le travail manuel incomba aux artisans émancipés et libres qui, dès le onzième siècle, sentirent le besoin de s'unir et de s'organiser en corporations. Pendant plusieurs siècles, les corps de métiers qui avaient seulement des droits civils et des privilèges industriels, sans droits politiques, assurèrent aux artisans et marchands, patrons, commis et ouvriers, l'exercice de leur profession ou de leur commerce. L'administration des corps de métiers était confiée à des chefs, nommés prud'hommes ou consuls. Des magistrats élus dans leur sein rendaient la justice entre leurs membres, veillaient à l'exécution des règlements, « organisaient l'assistance mutuelle » et défendaient les droits et privilèges de la corporation. Ce fut peut-être, pendant 400 ou 500 ans, l'âge d'or du travail.

Si les corporations eussent été maintenues dans des barrières sagement limitées et surveillées, les abus des privilèges qui s'établirent peu à peu ne se seraient pas produits. Mais les privilèges de plus en plus considérables devinrent des monopoles qui amenèrent les corps de métiers à lutter entre eux pour l'extension de leurs industries. L'autorité royale eut souvent à intervenir pour mettre fin aux contestations. Des excès de toute nature étaient commis. Les infractions spécifiées dans les statuts étaient réprimées par les peines les plus rigoureuses, comme la mutilation du poing et la démolition des boutiques et des ateliers.

Un frein aurait dû être mis aux errements et de prudentes réglementations auraient dû intervenir en temps opportun. Mais la royauté n'entendit pas les plaintes de l'industrie et du commerce ; elle ne sut pas apporter les modifications réclamées par un état de choses inacceptable, et, brutalement, au lieu de les réformer judicieusement, elle abolissait les corporations, le 12 mars 1776.

L'erreur de la royauté fut partagée par la Révolution qui, avec l'émancipation politique, crut indispensable de proclamer l'émancipation économique, par la liberté du travail.

Ce n'est pas, d'ailleurs, la liberté du travail qui était nuisible et regrettable ; ce furent les obstacles successivement accumulés contre le besoin inné d'association qui ne tardait pas à se faire sentir.

Malgré leurs abus, les corporations avaient rendu des services constants aux travailleurs ; il aurait fallu supprimer les abus et laisser vivre les corporations ; réglementer ces dernières sévèrement, les surveiller de très près ; mais ne pas abandonner la classe ouvrière à la liberté «infinie», qui fut, pour l'ouvrier, l'isolement, le délaissement, presque la détresse. «*Summa libertas, summa injuria*», pourrait-on dire. Il faut une mesure en tout, même quand il s'agit de liberté.

⁂

On mit plus de cent ans — de 1776 à 1884 — pour reconnaître et réparer, législativement, l'erreur économique de la Royauté et de la Révolution. Tâchons de profiter des leçons de l'Histoire, et ne recommençons pas les douloureuses expériences de nos pères.

La force même des choses oblige à l'union, à l'association, les gens qui ont des intérêts semblables ou communs. Ce principe — cet

instinct, allais-je dire — d'union et d'association doit donc être respecté et obéi. Mais il
ne faut pas le laisser se développer démesurément, se livrer à tous les excès, comme le
ferait un instinct libre de toute règle. Là s'impose
l'intervention d'une autorité ferme et prudente
et raisonnée. Et cette autorité doit être guidée
par la compréhension complète des intérêts à
sauvegarder.

Le syndicalisme, à l'école du jour, envisage,
séparément, d'un côté les intérêts de l'ouvrier,
d'un autre ceux du patron : d'où syndicat
ouvrier et syndicat patronal.

Ne perd-on pas de vue, dans ce cas, l'intérêt
réel de l'ouvrier aussi bien que celui du patron ?
N'est-ce pas fermer, volontairement, les yeux
sur la communauté et la solidarité de leurs
intérêts réciproques ?

Veut-on perpétuer l'antagonisme et maintenir
une cloison étanche entre deux éléments qui
ne valent que par leur union et leur association ?

Le travail, lui aussi, est un « bloc ». Il ne
vaut, il n'a toute sa valeur sociale qu'autant

que les facteurs qui y ont coopéré, ont agi
« en bloc », si je puis ainsi m'exprimer, c'est-
à-dire, avec un accord parfait, je dirai même
en communion de pensée et d'action.

« Le travail, a dit Waldeck-Rousseau, doit
s'élever de l'isolement à l'organisation collective ; c'est par l'association que peut et doit
être assurée l'harmonie des forces sociales et
que se réalisera sûrement et progressivement
l'accession du travail à la propriété, et c'est
aux syndicats qu'il appartient d'avancer cette
grande évolution ».

L'idée syndicale a, sans discussion possible,
une parenté étroite avec l'idée d'association ;
mais c'est une « parente » qui a déjà plusieurs
fois mal tourné.

Voici comment parle le secrétaire-adjoint de
la Confédération générale du Travail, dans une
brochure : *les Bases du syndicalisme* : « Le
capital, richesse créée par le travailleur, acca-
parée à la source par des exploiteurs, est le

produit du vol. Donc, deux classes dans la société : voleurs, infime minorité ; volés, immense majorité. Pour remédier à leur infériorité numérique, les voleurs se sont réclamés des principes d'autorité et de propriété qui se sont concrétés en institutions oppressives dont la façade seule a changé au cours des âges. Une seule chose pourrait, en effet, rétablir l'équilibre social, la suppression des principes de propriété et d'autorité ».

Que nous sommes loin de l'association, de « l'entente cordiale » du capital et du travail !

Nous constatons, là, le principe syndical ouvrier exagéré, poussé au-delà de ses dernières limites, et faussé parce que dès l'origine il s'est séparé du principe normal et complet d'association, base fondamentale de l'idée syndicale.

L'essence même de l'idée syndicale n'est-elle pas dans l'esprit d'association ?

« Au lieu de se servir du syndicat comme d'un instrument de pacification et d'étude, a écrit M. Besse, président de l'Union fraternelle des employés de commerce et d'industrie de

Lyon, les travailleurs n'en ont guère utilisé jusqu'à présent que le côté agressif ; ils n'en ont fait qu'une machine de guerre contre le patronat ».

Et M. Besse, qui est membre du Conseil supérieur du travail, ajoutait : « Le temps est proche où l'on pourra saluer par le « syndicat professionnel patronal et ouvrier », définitivement organisé, la victoire de la courtoise discussion des intérêts et la réalisation d'une ère nouvelle de paix par la liberté ». (1)

Ces lignes, pleines de sagesse et de bon sens, datent de 1901. Un premier lustre s'est déjà écoulé. Plaise à Dieu que le second ne s'achève pas sans que soit exaucé ce vœu éminemment social.

______

(1) Paul Pic et Justin Godart. *Le mouvement économique et social dans la région lyonnaise*, tome I, pages 284 et 285.

VIII

LA COOPÉRATION (1)

Il existe en France un vaste mouvement coopératif qui, pour n'être pas très bruyant, n'en fait pas moins activement une excellente besogne. L'Angleterre et la Belgique nous donnent d'ailleurs l'exemple. Et l'on peut dire que dans l'univers entier la doctrine coopérative se répand et se réalise peu à peu : la lenteur du mouvement est un gage de plus de son succès.

Parmi les coopérateurs, il y a des apôtres ardents qui jugent son extension beaucoup trop lente et qui voudraient voir déjà un immense réseau de sociétés coopératives englober, au moins, toutes les branches du

(1) *Dépêche* du 12 Octobre 1907.

commerce national. Car là comme ailleurs, il est des esprits qui n'échappent pas à l'utopie et qui, poussant à l'extrême la mise en pratique de leurs théories, en viendraient, par leur impatience, à gêner, sinon à compromettre, l'essor d'un principe économique incontestablement recommandable.

Le but essentiel de la coopération, on ne l'ignore pas, est de procurer aux consommateurs les marchandises, aux meilleures conditions de prix et de qualité, en mettant directement en rapport producteurs et consommateurs, et en ne se servant pas d'intermédiaires.

Réaliser des économies sur la dépense quotidienne ; avoir la certitude d'acheter toujours des produits irréprochables ; cela est évidemment le désir du commun des mortels, et une organisation qui donne satisfaction à ce désir général ne peut que recruter chaque jour de nouveaux et de nombreux adhérents. Et cette doctrine économique est d'autant plus estimable que non seulement elle aboutit au mieux-être matériel des coopérateurs, mais qu'elle contribue puissamment et rapidement à leur éducation intellectuelle et morale.

L'administration d'une société coopérative excite, en effet, et met en jeu les qualités natives et les aptitudes des associés ; les intelligences, ensommeillées jusqu'alors dans des occupations routinières et presque mécaniques, s'éveillent et se révèlent parfois pleines de ressources inespérées et d'énergies insoupçonnées. Et les contacts incessants entre associés, et les délibérations nombreuses nécessitées par la gestion d'une société, et l'intérêt collectif jamais négligé, tout cela fait circuler parmi les coopérateurs le souffle fortifiant et apaisant de l'esprit social, éducateur par excellence.

Ceux donc qui fondent sur la coopération l'espoir d'une rénovation sociale, ne s'abusent pas ; mais faut-il en dire autant de ceux qui nous montrent dans les sociétés coopératives — tel M. Marc Sangnier — le germe de la révolution sociale ?

Je ne sais si l'expression a dépassé la pensée de l'orateur, mais j'ai été surpris d'entendre, à sa conférence du 29 septembre, le président du *Sillon* inviter ses camarades à jeter à pleine main un « germe de révolution sociale ». Serait-ce vrai qu'au fond de leur cœur les jeunes sillonnistes attendent la révolution sociale, tout comme les jeunes de la C. G. T. ? Je suis convaincu du contraire ; cependant les sillonnistes, et, en particulier, leur sympathique président, s'exposent trop bonnement à l'amère critique de leurs adversaires, en laissant subsister un malentendu sur ce point important.

M. Marc Sangnier compte sur les sociétés coopératives pour supprimer d'abord les commerçants et intermédiaires, puis le patronat et le salariat. La suppression du patronat est une idée fixe, ou plutôt intermittente, chez les sillonnistes. D'ailleurs, sur de vives protestations en faveur de ce « pauvre » patronat, le conférencier s'est défendu de vouloir abolir le patronat et a déclaré qu'il serait simplement remplacé par le... patronat collectif...

Des contradicteurs véhéments et judicieux ont posé au président du *Sillon* des questions assez embarrassantes, auxquelles il a été répondu très éloquemment, mais un peu à côté.

En somme, les commerçants, petits et gros, s'offensent — et ils n'ont pas tort — d'être pris à partie et menacés dans leur situation indépendante, faite de travail et d'honnêteté — à de très rares exceptions près.

Certes, les plaintes contre les abus de certains commerçants, ne datent pas d'aujourd'hui. « Qu'est-ce que le commerce ? » se demandait, il y a près de cent ans, Charles Fourier, le second sinon le premier socialiste français. Et il répondait : « C'est le mensonge avec tout son attirail, banqueroute, agiotage, usure et fourberie de toute espèce ». Fourier est généralement reconnu pour l'initiateur de la doctrine coopérative ; peut-être est-ce ce qui explique pourquoi ses partisans se croient obligés de vilipender, à leur tour, les commerçants de tous les temps et de tous les pays.

Fourier avait annoncé que dans l'espace de cinq ans — de 1822 à 1827 — l'univers entier serait transformé en une immense et unique association, composée de multiples phalanges, lisez : coopératives. Si au lieu de cinq ans, Fourier eût assigné à sa chimère un délai de 500 ans, il se fût certainement encore trompé. Les commerçants individualistes peuvent donc dormir sur leurs deux oreilles ; ce n'est ni eux ni leurs successeurs qui verront se lever l'aube rêvée par Fourier en 1822, et par le *Sillon* en 1907.

Ceci dit, il n'en reste pas moins vrai et démontré que la coopération est une des meilleures méthodes — avec la participation aux bénéfices, par exemple — pour améliorer la situation des travailleurs, et, à ce titre, elle ne saurait être trop préconisée. Toutefois, l'on doit se garder, sous le prétexte d'amender le sort des prolétaires, de prolétariser les commerçants et leurs employés, ces derniers étant pour la plupart, des stagiaires et de futurs patrons.

Il y a dans la coopération un phénomène parfait du principe sociétaire.

Les coopérateurs qui réunissent leurs besoins, leurs dépenses, sont des gens qui ont réfléchi sur la force généreuse, sur les effe s bienfaisants de la mise en commun de leurs intérêts individuels, pour une fin spéciale et déterminée. Ils ne se sont pas contentés d'entendre et de répéter la vieille maxime : l'union fait la force ; ils la vivent après l'avoir comprise et adoptée. Et cette union, ce n'est pas une arme de combat entre leurs mains ; c'est un outil productif ; et le profit consistera d'abord en une pile d'écus plus ou moins haute, puis dans une éducation plus forte, plus souple, et une mentalité plus fraternelle, plus solidariste.

La coopération, en résumé, est une des formes de société dont il existe une grande variété — toutes bonnes à pratiquer, pour leurs conséquences morales et sociales ; c'est une société qui respecte pleinement l'individualité de chaque associé ; et si les coopéra-teurs consentent à borner leur ambition, ils peuvent donner à leur organisation l'ampleur remarquable des coopératives anglaises — et même faire mieux et davantage — sans effrayer et sans mettre à mal le commerce indépen-dant et individuel, dont le rôle, à côté des sociétés coopératives, reste utile et même nécessaire, ne serait-ce que pour maintenir et perpétuer l'esprit de concurrence. Car, en fait, s'il est exact qu'un régime de concurrence effrénée est à réformer, un régime sans concurrence aurait également des résultats vicieux, inacceptables, insupportables.

La coopération est appelée non à supprimer le commerce privé, mais à le moraliser ; et ce sera faire du bon socialisme, du socialisme vrai et pratique, conforme à la définition de Louis Blanc qui a écrit que le socialisme consiste « à régulariser en la moralisant l'acti-vité sociale et à arracher au hasard le gouver-nement des choses humaines. »

XI

L'ABIME SOCIAL (1)

Nous courons à l'abîme !

Ce n'est pas le berger Guillot du troupeau conservateur qui pousse le cri d'alarme ; ce ne sont pas non plus les réactionnaires, plus ou moins terrifiés par les hurlements de la bête apocalyptique du socialisme ; non ! ce sont les adorateurs du nouveau dieu selon l'évangile de Karl Marx ; ce sont les théologiens les plus qualifiés du nouveau culte, ce sont les collec-tivistes eux-mêmes. « Une tempête s'annonce toute proche, écrit M. Eugène Fournière, et notre parti croit la dominer en s'y jetant à corps perdu. Il n'en est pas encore à créer les incidents révolutionnaires : il se borne à les attiser. Quand la tourmente sera passée, on se

(1) Dépêche du 22 Novembre 1907.

demande ce qui restera de liberté en France, et même ce qui restera de la France ».

Il faudrait, en effet, être sourds et aveugles de naissance, physiquement et intellectuellement, pour ne pas s'apercevoir du désordre anarchique, du désarroi général dans lequel notre pays s'abîme. Du haut en bas de la vieille échelle sociale — vermoulue peut-être — règne l'empirisme le plus charlatanesque qui se puisse imaginer.

Notre siècle devait être celui de la science : or, la science, voulant éviter la faillite, va au devant des événements et demande, sans bruit, une liquidation amiable...

« La foi scientifique était complète, écrivait récemment le docteur Le Bon, peu suspect d'obscurantisme. Elle montrait sans doute la nature indifférente à l'homme et les cieux vides, mais on espérait les repeupler bientôt et proposer à notre adoration de nouvelles idoles, un peu rigides, peut-être, mais qui, du moins, ne nous tromperaient jamais... Aujourd'hui les vieux principes sont morts ou vont mourir et ceux destinés à les remplacer ne sont qu'en voie de formation. L'homme moderne détruit plus vite qu'il ne bâtit... Il apparaît assez clairement maintenant que nous savons très peu de choses des lois générales de l'univers. Nous n'entrevoyons que pour un lointain avenir leur connaissance. On pressent déjà cependant que le mécanisme réel du monde et celui construit par la science d'hier diffèrent beaucoup. Nous nous sentons entourés de forces gigantesques à peine entrevues, obéissant à des lois très ignorées ».

Il n'y a pas de vérité plus certaine aujourd'hui, il n'y a pas de science plus positive que celle qui consiste à savoir qu'au xxe siècle on sait bien peu de choses. Et ce qui complique démesurément la situation sociale, c'est que beaucoup ignorent encore ou feignent d'ignorer notre impuissance scientifiquement démontrée.

Le dogmatisme scientifique est un si bel instrument de domination qu'on ne veut pas y renoncer de gaieté de cœur.

C'est à Karl Marx qu'on attribue la gloire

d'avoir découvert les bases soi-disant scientifiques du socialisme ; c'est lui qui a promulgué les dogmes de la paupérisation des masses et de la catastrophe libératrice — pour ne parler que de ceux-là — reconnus, depuis, faux comme des jetons. Et à la suite de Marx s'est levée une longue théorie d'apôtres, persuadés qu'ils avaient mission de présider aux destinées humaines. « Comment ne pourrait-on diriger le prolétariat et parler en son nom, dit M. Fournière, quand on est docteur ès-lettres, ou patenté de philosophie, ou bâté d'histoire, ou truffé de mathématiques ? »

Si M. Fournière ne propose pas le remède au mal qu'il signale courageusement, il a, certes, quelque mérite à porter le fer rouge dans la plaie socialiste. Il reproche à ses amis collectivistes d'avoir réduit tout le mouvement social moderne à une lutte de classes et à l'action politique.

Il ne lui a pas échappé que tous les efforts et tous les travaux des militants poursuivent une œuvre perverse de destruction.

Les juristes du socialisme, et ils sont nombreux, au lieu de s'employer à créer le « droit nouveau», attaquent les bases les plus nécessaires de la société. Patrie, famille, propriété, religion, armée, tout est mis en discussion, tout serait mis à bas, si l'on en croyait les « curés de la sociale ». Nous avons promis le paradis à nos ouailles, s'écrie M. Fournière, où les avons-nous conduites ? Au doute, répondrons-nous, à la méfiance, à la haine, à la démoralisation et à la désespérance. Et c'est évidemment le chemin de l'abîme.

L'organisme syndical créé par Waldeck-Rousseau avait marqué un progrès économique considérable. C'était pour les travailleurs l'instrument le plus puissant d'amélioration morale et matérielle ; malheureusement il fut dédaigné par ceux qui en auraient pu tirer le meilleur parti. Les patrons boudèrent les syndicats ; ils ne surent pas ou ne voulurent pas voir dans le Syndicat l'excellent moyen de pacification que la loi avait entendu mettre à leur disposition. Les ouvriers, de leur côté, inhabiles à manier le Code, ne savaient pas utiliser les ressources que renfermait pour eux, sagement et prudemment appliquée, la loi de 1884. Alors les politiciens saisirent l'occasion de se montrer aux ouvriers comme leurs champions et leurs défenseurs, et ils transformèrent en arme de combat contre le patronat l'outil précieux dédaigné par lui, outil qui aurait dû, dès l'origine, être absolument commun entre les patrons et les ouvriers.

Aujourd'hui le syndicalisme est révolutionnaire et anarchique, et M. Fournière constate que l'opinion est contre les syndicats, dont le recrutement s'arrête.

L'œuvre syndicale paraît manquée ; elle est presque à reprendre par le pied. La Confédération générale des patrons tentée récemment en riposte à la Confédération générale du travail, serait peut-être une erreur ajoutée à une faute. Ne serait-ce pas, bénévolement, faire passer au second degré l'antagonisme ouvrier ?

Au lieu d'une guerre de guérillas et d'escarmouches, on voudrait mettre en présence deux masses formidables. La tentative patronale n'aurait pas réussi, a-t-on dit. Les amis de la paix publique ne doivent pas s'en plaindre.

A propos de l'antimilitarisme, M. Fournière proteste, d'une part, contre la sévérité ministérielle qui ruine les caractères si français d'obéissance volontaire mais raisonnée, et, d'autre part, contre la tactique socialiste qui érige l'indiscipline en exemple glorieux. Que restera-t-il de notre armée, se demande M. Fournière.

Quant à nous, c'est la question suivante que nous posons : qu'est-ce qu'il y a, en vérité, au fond de la campagne antimilitariste ?

Est-ce le désir d'alléger le fardeau du service militaire ? Est-ce un préjugé excessif contre l'absolutisme de l'autorité militaire ? Est-ce la volonté d'enrichir le patrimoine social par des économies sévères sur le budget militaire ?

Non ! De tout cela, et de tout autre motif avouable, il n'y a rien. Ce que les socialistes ont en vue, c'est simplement d'annihiler, de désorganiser la principale force sociale capable de s'opposer à la révolution, à la catastrophe attendue par les fidèles de l'Eglise marxiste.

« Les troupes régulières, écrivait Karl Kautsky, en 1904, — ont évidemment sur l'insurrection populaire l'avantage d'un meilleur armement, mais leur supériorité tient surtout à leur *organisation* qui comporte et une discipline et une direction méthodique. Ce qui est indispensable pour rendre hésitante la force armée, c'est l'impression d'un imminent écroulement du régime existant. Aussi longtemps que le soldat peut se dire que demain ses supérieurs seront les mêmes que ceux d'aujourd'hui, même si sa rébellion contre eux aboutit au succès, il se garde bien de toute insubordination, au châtiment de laquelle il pense impossible d'échapper en quelque occurrence que ce fût. Un seul sentiment est susceptible de l'ébranler, la conscience qu'en passant du côté du peuple, ou en montrant beaucoup de mollesse dans la répression du mouvement, il déterminera la chute du gouvernement et qu'alors son crime d'insubordination se transformera en un acte du plus noble civisme. »

Le 17e de ligne, qui est en ce moment à Gafsa, avait probablement devant les yeux, lors de ses mutineries, cette perspective... du plus noble civisme !

Que les cœurs sensibles ne se laissent donc pas attendrir par les déclamations humanitaires. Ce n'est pas pour rendre le *pioupiou* à sa mère, ce n'est pas pour le réunir à sa fiancée inconsolée, que les collectivistes poursuivent avec acharnement leur campagne antimilitariste, antipatriotique : c'est pour rendre libre la route de la révolution. Heureusement le vieux sang gaulois qui coule dans nos veines a fait ses preuves. Nos aïeux ont toujours préféré le panache à la rhétorique, et les coups d'épée aux coups de g... ! Les sirènes du collectivisme en seront pour leurs chants et leurs chansons. Si près de l'abîme qu'elles attirent notre pays, il n'y tombera pas, dussent de nouveaux Curtius s'y jeter pour le sauver.

L'âme patriote de la France est immortelle comme son âme républicaine et chrétienne.

X

LA RÉFORME ÉLECTORALE (1)

La politique, qu'on le veuille ou non, tient une place immense, excessive chez nous, dans les préoccupations journalières. Sans exagération, on peut dire que le souci de la politique prime, dans l'esprit de beaucoup de nos concitoyens, le souci du pain quotidien — à moins qu'ils ne se confondent ensemble. Le journal, ce véhicule de la pensée politicienne, n'est-il pas appréhendé chaque jour, et souvent au hasard, avec un appétit digne souvent d'une meilleure alimentation ?

C'est un mal contre lequel on commence à réagir. Il serait donc oiseux de gémir longuement sur ce travers contemporain ; par contre

(1) *Dépêche* du 17 Décembre 1907.

il serait éminemment profitable d'administrer un stimulant énergique pour activer la réaction salutaire qui se dessine.

De toutes parts, on est las de l'inanité, au point de vue social, de l'action politique. Les troubles du Midi, non encore oubliés, ont été, avec des excès regrettables, une manifestation de la désillusion des électeurs méridionaux ; et il n'est pas douteux que cette désillusion est partagée par l'ensemble du pays.

La foi politique est perdue, bien plus que la foi religieuse ; et l'affaire des 15.000 a fait tomber la dernière cataracte du dernier électeur du dernier hameau.

L'agitation causée par cette malencontreuse affaire est grande encore dans les milieux diversement intéressés. L'impression a été profonde, dans la France entière ; et l'émotion sincère qui en résulte, ressentie jusque dans les petites communes les plus paisibles, ne disparaîtra que lorsqu'un gage indiscutable, non de repentir, mais de loyauté, sera effectivement donné au corps électoral par les parlementaires. Et qu'on ne s'abuse pas. Ce serait se tromper grossièrement que de ne voir dans la mauvaise humeur des électeurs qu'une question d'argent.

Certes, ils n'ont pas dissimulé leur sentiment sur la fameuse augmentation, mais ce dont on peut être persuadé, c'est que les électeurs sont furieux surtout et presque exclusivement de l'espèce d'abus de confiance commis par leurs mandataires.

L'électeur raisonne, en effet, d'une manière très simple. Il sait qu'un créancier n'a jamais le droit de se payer de ses propres mains et qu'un mandataire a droit seulement aux salaires qui lui ont été promis. Or, les députés ont été élus en 1906, pour quatre ans, avec un traitement annuel de 9.000 francs ; là est le salaire — qu'il leur est loisible d'appeler indemnité — auquel l'article 1999 du code civil leur donne droit en leur qualité de mandataires ou de représentants du peuple ; et, affirme l'électeur, frappant du poing la table sonore, les députés n'avaient pas plus le

pouvoir de s'allouer un traitement supérieur,
qu'un commis-voyageur n'a celui de faire
passer à 10 pour cent la remise de 5 pour cent
qui lui a été promise, par un traité, pour un
temps déterminé.

Nul n'est sensé ignorer la loi, dit un vieil
adage. N'y a-t-il une exception que pour ceux
qui font les lois ?

Jacques Bonhomme se refuse à l'admettre.

Mais, cela est certain, les électeurs ont été
moins blessés par l'aggravation budgétaire que
par la déception d'avoir été trompés et bernés
par les mandataires à qui ils avaient accordé
leur confiance. Aussi la besogne la plus délicate,
la plus difficile qui reste à nos parlementaires
est-elle de restaurer cette confiance éclopée.

La France est assez riche et assez grande
dame pour payer sans marchander ses représentants à l'intérieur aussi bien que ses représentants à l'étranger. C'est rabaisser le débat,
et même le déplacer, que d'envisager unique-
ment le côté financier de la réforme électorale.

Aujourd'hui, dans tous les esprits, depuis le vote de 15.000 francs, cette idée est cristallisée, que les députés — j'entends le plus grand nombre — n'ont en vue qu'une seule chose, leur intérêt personnel.

Le moyen existe, cependant, de réparer le mal redoutable causé à la confiance publique, et je n'ai pas le mérite de la découverte de ce remède social. C'est, en effet, ce dont on parle beaucoup depuis quelque temps, ce dont on ne parle pas encore assez, c'est la représentation proportionnelle.

⁂

Quand une maladie épidémique sévit dans une ville, on recourt aussitôt à des remèdes spécifiques, mais ce qui s'impose par dessus tout, c'est l'hygiène ; et l'attention des médecins et des édiles se porte avec vigilance vers les mesures générales d'hygiène publique.

Peut-on parler d'hygiène « politique » ? Oui, certes, aussi bien que d'hygiène morale.

Ainsi, il vient de se fonder en Angleterre une ligue qui demande l'inscription aux programmes scolaires de l'hygiène, y compris l'hygiène morale. Et non seulement il convient d'en parler, mais il est urgent de mettre en pratique les principes d'hygiène politique. Or, si en matière politique et électorale il existe une méthode hygiénique, c'est, de toute évidence celle qui consiste dans l'application de la représentation proportionnelle.

Qu'il s'agisse d'élections municipales, départementales ou législatives, la course au clocher, je veux dire au mandat, n'a qu'un but réel : la satisfaction personnelle, l'intérêt personnel du candidat, et, très incidemment, de son parti.

La commune, le département ou l'Etat verront-ils leurs intérêts en meilleure main ? Personne ne s'en soucie, sauf une minorité plus ou moins faible, et cette minorité, d'abord parce qu'elle est faible, ensuite parce qu'elle est consciente des intérêts en jeu et peu disposée à se commettre avec, parfois, des inconscients qui ne reculent devant aucun procédé de lutte, cette minorité s'abstient trop fréquemment de toute participation à la lutte électorale. Et les arrivistes,... arrivent.

Je ne veux pas refaire ici l'exposé de la représentation proportionnelle ; le fonctionnement en a été plusieurs fois décrit dans ces colonnes ; elle est déjà très connue et le sera bientôt de la manière la plus complète.

Prenons un seul exemple démonstratif.

Une commune a droit à 16 conseillers municipaux. Depuis une dizaine d'années la majorité qui règne à la mairie, y parvient avec une moyenne de 400 voix sur 600 votants ; la minorité est donc d'un tiers et la majorité de deux tiers. Tous les quatre ans une lutte sans merci se livre autour des urnes ; l'un des partis doit mordre la poussière ; et pendant plusieurs années des ressentiments persistent dans la population troublée et divisée. D'autre part, comme il n'est pas facile de garnir une liste de 16 candidats sérieux et capables, d'une même couleur politique, chacune des deux listes comprend une bonne moitié de bouche-trous quelconques.

Le jour où les élections municipales auront lieu avec la R. P. tout changera comme sous la baguette magique d'une fée. Au lieu de la lutte impitoyable de jadis, les forces respectives de chaque camp étant presque mathématiquement connues, on ne voudra pas se battre à outrance pour conquérir un ou deux sièges de plus. D'avance les résultats du scrutin seront, à peu de chose près, connus et acceptés. Dans l'espèce citée, la majorité ancienne aura 10 ou 11 élus, et la minorité 5 ou 6, — sauf l'imprévu. En tous cas, chaque parti étant assuré d'avoir ses représentants, la fièvre de la bataille sera, par le fait même, sensiblement atténuée ; et le choix des candidats les plus qualifiés se fera sans difficulté. Il n'y aura plus à chercher, avant tout et exclusivement, le candidat « populaire », autrement dit le plus altéré, le plus assoiffé. Les candidats que tout le monde autrefois désignait, mais qui ne voulaient pas se risquer, refusant de s'abaisser aux platitudes accoutumées, ceux-là désormais n'auront plus d'excuses à alléguer et ne se déroberont pas. Et le niveau intellectuel et moral des corps élus rapidement s'élèvera.

De là sortirait peut-être la renaissance politique à laquelle aspirent tous les bons citoyens.

En passant, remarquons que la représentation proportionnelle, attribuant une place légitime à chaque parti, les *associe* dans la direction et dans la responsabilité de la machine sociale, de la machine gouvernementale ; la R. P. est donc conforme à l'esprit sociétaire et adéquate au concept d'association, esprit et concept en qui se réalise et se concrétise le courant social moderne.

M. Clémenceau, président du Conseil, a répondu à la commission du suffrage universel qu'il convenait d'attendre la fin de la législature pour modifier le statut des députés. Soit.

Mais, le mandat des conseillers municipaux touchant à sa fin, l'argument de notre Premier, s'il perd sa saveur ironique, ne trouve-t-il pas toute sa valeur politique pour souligner l'opportunité de réviser — réforme initiale logique — la loi du 5 avril 1884 sur l'organisation municipale et y introduire la représentation proportionnelle ?

XI

LA DOCTRINE MORCELLISTE (1)

Un livre paru l'année dernière (2) a révélé l'existence d'une Eglise économique que beaucoup ignoraient ; l'Eglise nouvelle n'est d'ailleurs qu'une bien petite chapelle.

C'est à Paris, dans un coin du café Voltaire, qu'est né le *Morcellisme*, — qui pourrait bien se ressentir de son lieu d'origine. « Nous n'étions, écrit l'un des fidèles, que quelques-uns qui, dans les revendications socialistes, nous efforcions sincèrement de discerner la part des vérités et celle des erreurs, et tentions la conciliation entre l'idée socialiste et l'idée de la Révolution française ».

(1) *Dépêche* du 22 Février 1908.

(2) Le Morcellisme, par G. Sabatier, ancien député, Giard et Brière, 1907.

A sonder — ce qui est d'actualité par ce temps de sondages — les profondeurs de l'idée morcelliste, celle-ci apparaît plutôt comme un simple démarquage de l'idée socialiste.

Les morcellistes admettent comme justifiés les griefs du Marxisme contre la propriété capitaliste, fondée, d'après eux, sur l'exploitation du travail d'autrui. M. Sabatier assimile la propriété capitaliste ainsi entendue à l'esclavage et en annonce la condamnation prochaine « tandis que la propriété fondée sur le travail, désormais libérée de toute promiscuité avec la propriété née de la force, apparaîtra à tous indiscutable et honorée. »

Le morcellisme fait sienne cette énormité qui consiste à prétendre que le travail n'a pas besoin du capital pour produire, ni d'une direction compétente et responsable. La propriété n'est légitime, disent les morcellistes, que si elle a le travail pour unique fin et pour unique cause...

Ainsi donc il n'est pas légitime de vouloir posséder un bien pour en jouir en repos après les années de labeur. Tu es condamné, ô propriétaire, à mouvoir sans cesse le rocher de Sisyphe : la propriété n'est légitime que lorsque qu'elle a le travail et non le repos pour fin. Ne cherche pas à posséder une petite habitation à bon marché, salubre, pour y finir tes jours dans le calme des champs ; les morcellistes ne le veulent pas.

Proclamant le travail « seul facteur légitime de la propriété », le morcellisme condamne et menace de ses foudres toutes les autres causes génératrices de propriété, qu'il déclare avoir analysées et qu'il dénombre comme suit : le Délit ou le Crime, la Chance, le Jeu, la Prescription, l'Agiotage, la Faveur de Prince, l'Usure ou exploitation de la misère d'autrui, la Corruption ou exploitation du vice d'autrui et le Capitalisme ou exploitation du travail d'autrui.

La doctrine morcelliste se compose d'une série de formules, entre autres de la suivante : la propriété est une condition nécessaire de la

Liberté, et, en vertu de cette formule les morcellistes distinguent la propriété en *propriété-outil* et en *propriété-domaine*. Par la première, le travailleur possède ses outils et la matière première de son travail. Comment les ouvriers arrivent-ils à cette propriété-outil? On ne nous le dit pas, ce qui est fort regrettable.

Quant à la propriété-domaine, on désigne sous ce nom « une réserve de subsistances sur laquelle les travailleurs pourront vivre, ou une somme d'argent au moyen de laquelle ils pourront acheter les objets nécessaires à leur vie en liberté ». On ne nous explique pas comment cette propriété-domaine sera acquise, ni par quel jeu de mots — tiré du latin sans doute — on appelle *domaine* une simple provision de victuailles. A ce compte-là, quiconque possède un garde-manger abondamment pourvu est propriétaire d'un domaine tout aussi bien que le propriétaire d'une ferme en Dauphiné !

A côté d'une formule... creuse, nous cherchons vainement la manière de s'en servir. Malgré toute notre bonne volonté à nous pénétrer de l'esprit morcelliste, nous ne pouvons nous contenter de ce commentaire : « Dans un régime exempt de privilèges, dans un régime de véritable liberté, la richesse actuellement existante ne tarderait pas à se fondre d'elle-même ; puis quand le travail serait devenu le seul facteur de la propriété elle ne pourrait même plus se constituer. » A quoi bon alors inventer la propriété-domaine ?

*_**

D'accord avec les socialistes les plus intransigeants, les morcellistes réclament le droit au produit intégral du travail. Selon la pure doctrine morcelliste le travailleur *incorpore à sa propre personne (!)* le fruit de son travail. Et M. Sabatier précisant la prétention outrancière des socialistes dit qu'il faut proclamer en faveur de l'auteur d'un produit — que cet auteur soit un ouvrier unique ou un ensemble d'ouvriers — non seulement le droit au produit intégral, mais encore le droit intégral au produit. »

Recherchant les *droits concurrents* sur le produit, le Morcellisme n'aperçoit à côté du travail aucun collaborateur, ni le Capital, ni la Direction — ou le Talent, de Fourier ; il ne voit pas la société de fait, qui paraît réelle à beaucoup d'économistes, et qui unit les patrons et les ouvriers ; mais le Morcellisme a découvert une association de fait entre l'ouvrier et la *Société !* Ces deux associés, dit M. Sabatier, ces deux coopérateurs partageront entre eux ce droit intégral au produit intégral !

L'ouvrier est l'associé de la Société. L'ouvrier est associé coopérativement avec la Société — avec l'Etat ! qui s'en serait douté ? Où donc la Société fait-elle acte d'associée ?

Les morcellistes sont collectivistes et parti- sans de la socialisation des moyens de produc- tion, mais ils croient pouvoir limiter la socialisation « aux seuls moyens de production qui sont capitalistes par la force des choses et leur nature même et que l'effort des travailleurs individuels ou coopérateurs ne pourrait atteindre et conquérir ».

Qui est-ce qui tracera la ligne de démarcation ? Qui est-ce qui sera chargé de faire la part de la socialisation ? On ne le dit pas. Encore une lacune dans la doctrine morcelliste.

Au vrai, il nous suffit de savoir que le Morcellisme accepte le principe collectiviste pour être bien fixé sur sa valeur sociale.

L'étiquette « morcellisme » évoque l'idée d'une répartition supposée plus équitable de de la propriété, et cette idée peut attirer les gens en quête de réformes sociales pratiques, mais la doctrine — si doctrine il y a — est loin de répondre à l'idéal suggéré.

Le morcellisme n'est que du mauvais socialisme.

D'une part il ne sait pas reconnaître dans la production le rôle indispensable du Capital

et exagère encore, s'il est possible, les préten-
tions du Travail d'avoir seul droit au produit.

Et d'autre part, avec toutes les écoles socialistes, il réclame la socialisation graduelle et
nécessaire des moyens capitalistes de production.

Pour quelle raison préférerait-on le Morcellisme au Collectivisme ? Est-ce pour l'habileté des procédés qu'il recommande ?

Nous allons sommairement rappeler en quoi
consistent les méthodes morcellistes.

En premier lieu, pour faciliter l'accession à
la propriété — qu'il veut néanmoins détruire
— le Morcellisme propose l'institution d'une
« œuvre des petits patrimoines » au nom de
laquelle seraient acquis les immeubles ruraux
vendus à vil prix, et qui les concèderait à prix
coûtant, avec délai de paiement, aux enfants
assistés. Comment ces enfants assistés se libè-
reront-ils ? Ma foi, je n'en sais rien. Et ces
achats à vil prix réagiront-ils, comme le
suppose M. Sabatier, contre l'avilissement de

la propriété foncière ? Cela aurait besoin d'être démontré.

Les morcellistes réclament ensuite l'abrogation des articles du code civil qui instituent l'interdiction et les conseils judiciaires. Les faibles d'esprit, les déments ne pourront plus être protégés par la nomination d'un tuteur. On a quelque peine à imaginer comment cette innovation aurait une heureuse influence sur le sort des prolétaires...

L'héritage capitaliste serait supprimé, c'est-à-dire que les successions inférieures à 20.000 francs seraient seules transmissibles. Tout ce qui dépassera 20.000 francs fera retour à l'Etat...

Les réformes judiciaires ont aussi retenu l'attention des morcellistes. Il paraît que d'après les errements actuels, les petits héritages sont quelquefois absorbés par les frais de procédure. « Il arrive même, dit M. Sabatier, que de malheureux fils de paysan, si d'aventure un homme d'affaires charitable (sic) ne les a pas engagés à n'accepter que

sous bénéfice d'inventaire la succession pater-
nelle, ne touchent pas un centime et restent
débiteurs d'un solde de frais. » L'auteur —
qui fut pourtant professeur de droit — paraît
confondre, dans un même passif, les dettes
successorales et les frais de procédure. Le
bénéfice d'inventaire — tout le monde sait ça
— n'est demandé que pour les successions
obérées. Il n'est pas nécessaire de consulter
un homme d'affaires « charitable », pour que
le premier venu des héritiers sache que s'il
ne veut pas être tenu de payer toutes les dettes
d'une succession — et pas seulement le solde
des frais — il doit remplir les formalités bénéficiaires. Est-il vraiment indispensable d'inventer une nouvelle doctrine pour apprendre ça ?

Les morcellistes croient que les petites
successions supportent les mêmes frais fixes
que les successions importantes. « Ainsi le
petit domaine est écrasé, écrit M. Sabatier,
sous le coup d'une législation imaginée pour
le protéger, tandis que le riche héritier n'est
qu'à peine effleuré par la même note des *frais*

fixes ; car, qu'est-ce que 600, 800, voire 1.500 fr. à payer par celui qui reçoit 1,500,000 francs ? »

Et le Morcellisme a trouvé le remède à cette misère : faire abandon aux héritages pauvres de tous frais d'enregistrement et de transmission.

Nous approchons de l'incohérence. Et je crois que nous y tombons en plein lorsque les morcellistes préconisent « l'organisation d'un service permanent en vue de faire aboutir la commessassion (?) ou groupement des parcelles de terre éparses, en vue de favoriser la constitution de domaines d'un seul tenant ». Nous voilà bien loin du morcellement de la propriété...

Mais il est temps de clore ce rapide et déjà trop long aperçu. Je n'ai certes pas cueilli toutes les perles ; j'en laisse pour le lecteur qui voudrait ne rien ignorer du Morcellisme. Et à lui de décider si le Morcellisme est une « doctrine », comme l'affirme M. Sabatier, ou bien une joyeuse gageure, ou encore une méchante contrefaçon socialiste.

XII

LES KRACHS FINANCIERS (1)

La terre se meurt ! La terre est morte !

Depuis le petit capitaliste qui possède — par héritage très souvent, — une propriété de vingt mille francs, ou même seulement de dix mille francs, jusqu'au grand propriétaire qui a commis l'erreur d'acheter trois ou quatre domaines occupant ensemble une belle surface de cinq cents hectares, avec habitation de maître, dans un pays de chasse et de pêche, tous se lamentent du souci qui les accable.

Songez-y un instant.

Les propriétés rapportent, bon an mal an, de deux à quatre pour cent, et, jusqu'à la fin du monde, les champs et les bois seront à

____

(1) *Dépêche* du 31 Mars 1908.

l'abri des pickpockets les plus habiles et des apaches les plus audacieux — exception faite de ceux du Palais-Bourbon...

Ainsi donc la terre assure, à qui la possède, revenu et capital. L'un et l'autre, évidemment, subissent des oscillations de hausse et de baisse; cependant, en prenant la moyenne de vingt années, l'on obtient, tant pour le revenu que pour le capital, une satisfaisante fixité.

Mais... car il faut bien arriver au mais ! le revers de la médaille est épouvantablement laid.

A l'expiration de chaque bail, tous les neuf ans à peu près, messieurs les propriétaires sont exposés à changer de fermier. Six mois ou un an d'avance, ils ont à se préoccuper de savoir si leur fermier restera aux mêmes conditions ou s'il demandera quelque rabais, motivé par une baisse du prix de vente des produits agricoles ou par une période exceptionnelle d'accidents atmosphériques, grêle, gelée et sécheresse successives, etc. Ce n'est pas tout. Quelquefois le destin semble s'acharner sur une propriété ou plutôt sur un fermier : ce sont les maladies du cultivateur et de sa famille ; c'est une épizootie sur les bestiaux ; c'est une perte éprouvée sur un marché relativement considérable, livré à un acheteur insolvable. Alors on voit le fermier venir confesser sa précaire situation au propriétaire et lui demander avec une émotion naturelle, un secours dans sa détresse. Une réduction de 500 francs sur 2.000 francs à payer serait non seulement un allègement pécuniaire très appréciable, mais surtout un réconfort moral pour le fermier et tous ses collaborateurs.

Que se passe-t-il, en général ? Le propriétaire se drape dans son droit indiscutable : il a laissé tous les risques au compte du fermier, ainsi que tous les bénéfices. Si celui-ci avait réalisé un gain exceptionnel, il ne serait pas venu en offrir une part au propriétaire, donc il gardera pour lui toutes les pertes.

On suppose peut être que le propriétaire, pénétré de la gravité de son rôle de « dirigeant », aura mis le fermier en garde contre les nombreux risques que son inexpérience et son imprévoyance lui dissimulaient ; qu'il l'a maintes fois engagé à s'affilier à des sociétés mutuelles ; qu'il l'a énergiquement invité à assurer son bétail contre la mortalité et qu'il lui a peut-être même offert de payer une partie de la prime de cette assurance, ce qui était de son intérêt autant que de l'intérêt du fermier. Eh bien ! non ! soyez persuadé que quatre-vingt-dix fois sur cent le propriétaire n'a rien fait de tout ce que lui commandait son propre intérêt, ni de tout ce que lui imposait son devoir social. Il n'a fait qu'une chose, cet excellent citoyen : il a, sans cesse ni répit, gémi sur le malheur d'être... propriétaire. Et ces gémissements, répétés par tous les échos, ont détourné de la terre les petits capitalistes qui, certains que les placements immobiliers ne donnent que tracas et déboires, ont pris l'habitude d'écouter les faiseurs de boniments, les Rochette et Cie.

Oh ! alors le tableau est tout différent. Allez faire un tour dans l'immense hall de la Bourse.

Demandez où il faut placer votre argent. On ne vous parlera plus de travailleurs en débine, d'épidémies dévastatrices, ni de déconfiture d'acheteurs. Tout est beau, le présent comme l'avenir. Lisez les prospectus et passez à la caisse. Et la triste réalité qui est proche verra l'anéantissement, non d'un semestre ou d'une année de revenus, mais de la totalité du capital. On ne veut rien apprendre ni rien savoir. L'appât de la hausse annoncée pour la fin du mois ou pour la fin de l'exercice, est d'un effet aussi assuré que le chiffon d'étoffe rouge qui sert d'amorce au pêcheur de grenouilles.

Il serait cruel, au milieu du krach dont tout le monde parle — en attendant celui dont tout le monde parlera dans six mois, ceux de l'année dernière étant oubliés, — il serait malséant d'insister sur la badauderie de l'épargne, badauderie naïve et incrédule à la fois, trop fréquemment rançonnée et punie de larmes amères et de douleurs imméritées.

Les catastrophes financières qui se succèdent implacablement et à intervalles de plus en

plus courts, ces désastres pour la petite épargne
sont-ils donc fatals et inévitables ? Certes non !
et les remèdes sont nombreux, et ils sont à la
portée du commun des mortels, mais on les
dédaigne, on les rejette, — comme l'ivrogne
méprise le verre d'eau fraiche qui le désalté-
rerait, et boit avidement l'alcool qui le brûle
et le tue.

La terre, — le champ de culture, et l'habitation aussi, constituent le premier de tous les
capitaux ; la petite maison, et le jardin à côté,
et le pré un peu plus loin, tout cela réunit le
le logement pour toute l'année, le travail pour
les jours de chômage, l'air pur qui fortifie la
santé des enfants, et la sécurité, la tranquillité
d'esprit dans le placement des économies si
péniblement amassées. Tout cela, c'est la quié-
tude des vieux ans, c'est l'attachement de la
famille au seuil foulé quotidiennement, ce sont
les amitiés de voisinage, c'est en définitive une
place bien à soi, sous le soleil qui luit pour
tous.

Or, cette terre n'inspire que le dédain et le mépris, et on lui préfère les papiers enluminés de la Banque Franco-Espagnole. A la paix du *home* champêtre, on préfère la fièvre des guichets du coulissier. A l'arôme printanier des prairies, on préfère les couloirs enfumés de la Bourse. Au repos patriarcal du foyer familial, apanage de la vieillesse, on substitue le refuge final de l'hospice, quand ce n'est pas le classique coup de revolver du désespéré.

Et tout s'enchaîne dans la vie, tant la solidarité des choses et des êtres est immanente.

Rendez à la terre l'amour, le rang et les honneurs auxquels elle a droit, et aussitôt vous verrez le petit et le grand propriétaire comprendre le devoir social qui leur incombe, s'intéresser à l'exploitation de leur domaine, apporter au fermier le concours moral de leurs avis expérimentés, et, s'il le faut, une contribution financière qui, pour être toute volontaire, ne perdrait rien, au contraire, de son efficacité.

L'harmonie régnant de nouveau entre ceux qui possèdent la terre et ceux qui la cultivent,

et ces derniers cultivant, de plus en plus souvent, avec la terre des autres, leur petit domaine, fruit sacré de leur épargne ; cette
harmonie séduisante, cette entente cordiale du
capital et du travail agricole, ne tarderaient
pas à rappeler vers la terre — notre mère à
tous — les enfants égarés, affolés par les sirènes de la Finance.

Les pouvoirs publics n'auraient-ils pas, pour
travailler à l'orientation que nous esquissons,
un rôle important à remplir ? Nous pensons
que si. Et peut-être développerons-nous prochainement un ensemble de dispositions capables, sinon d'instituer une méthode définitive,
tout au moins de la préparer.

XIII

LA VÉNALITÉ DES OFFICES MINISTÉRIELS (1)

Le congrès radical-socialiste de Nancy a secoué la poussière parlementaire sous laquelle étaient ensevelies diverses propositions de loi, d'origine plus ou moins reculée. Une des plus anciennes, maintes fois périmée et maintes fois reprise, est celle qui vise à la suppression de la vénalité des offices. Dans sa séance du 12 octobre, le Congrès a voté cette suppression.

Supprimée par la Révolution, la vénalité fut rétablie, en fait, par la loi du 28 avril 1816, et, dès la monarchie de 1830, les pétitions affluèrent réclamant de nouveau sa suppression. Le député Hébert, qui devait être garde des sceaux, reconnaissait que s'il était possible,

____

(1) *Dépêche* du 1er Novembre 1907.

sans violer les droits acquis, de détruire ce qui a été constitué en 1816, ce serait un grand bien.

En 1848, des pétitions rédigées dans le même sens furent repoussées par l'assemblée nationale.

En 1892, une proposition de loi de M. Émile Ferry abrogeait l'article 91 de la loi du 28 avril 1816, et laissait à une loi de finance la charge de pourvoir « au remboursement des cautionnements et aux indemnités pouvant être dues aux titulaires des offices ministériels, supprimés sans aucune exception. »

La proposition de M. Ferry fut reprise en 1899 par M. Eugène Fournière.

Enfin, le 23 octobre 1902, fut déposée la dernière proposition de loi ayant pour objet l'abolition de la vénalité des offices ministériels ; elle a pour auteurs MM. Clémenceau, Delpech, Beaupuis, Bidault, Béraud, Cocula, Bézine, Méric, Desmons, Bonnefoy-Sibour et Petitjean, sénateurs ; et elle concerne nommément les avoués, notaires, greffiers, huissiers et commissaires-priseurs.

L'article 30 de ce projet de loi reconnaît le principe de l'indemnité due aux officiers ministériels en exercice. Il est ainsi conçu : « Les titulaires des offices énumérés à l'article précédent seront remboursés du prix d'achat de leurs offices. Ce remboursement s'effectuera à l'aide d'obligations négociables portant intérêt à 3 % et remboursables en 75 ans par tirages annuels. »

L'heure va-t-elle bientôt sonner où l'on comptera en France 20.000 fonctionnaires de plus ? Bien malin qui saurait le prédire.

Cette transformation est-elle à désirer ou à repousser ? Sur ce point, on peut différer d'opinion, mais il est certain que l'évolution qu'ont subie toutes choses depuis cent ans, atténue les objections qui ont été généralement faites aux pétitions et propositions de loi rappelées plus haut.

Le développement de l'instruction, cela est évident, diminue, dans de grandes proportions le rôle de conseiller et de guide des hommes de loi, et, de plus en plus, les jeunes gens arrivant à leur majorité sont à même de se tirer d'affaires dans de nombreuses circonstances où leurs parents, cinquante ans plus tôt, auraient été très embarrassés.

Nos codes, en outre, chaque jour plus complets, plus précis, restreignent le champ, où, par exemple, le notaire, ce législateur familial, est appelé à « minuter » les conventions qui seront la loi des parties comparues par-devant lui.

Ces faits sont indéniables.

D'autre part, les facilités de transport et de communication, la sécurité des services postaux, le bon marché des déplacements, tout cela fait apparaître suranné et hors de prix, en particulier, le ministère des gracieux messagers de Thémis, — MM. les huissiers.

Aussi, une réforme générale du système judiciaire, qui aurait pour but, en même temps que la mise au goût du jour des fonctions des officiers ministériels, une amélioration sérieuse et notable des services de la justice, une telle

réforme mûrement et complètement étudiée,
et conduite, cela va sans dire, avec esprit... de
justice — aurait sa raison d'être, et chacun y
serait intéressé, sans oublier les contribuables.

***

Les notaires paraissent plus spécialement
visés dans les projets de rachat des études. Il
est vrai qu'ils sont les plus nombreux : 8.500
environ, à côté de 4.500 huissiers, de 3.500
greffiers et de 2.500 avoués. Mais il faut reconnaître aussi qu'il y a quelque chose dans l'air
contre le notariat. Un peu de tous côtés, il est
discuté et critiqué.

Tout récemment, on lisait sous la signature
de M. Maurice Talmeyr, la silhouette... inquié-
tante d'un type de notaire, peu connu, je crois,
dans notre région. M. Talmeyr demandait d'où
vient l'argent qui permet à certains notaires
de vivre sur le pied de 50.000 francs par an,
alors que leurs études doivent rapporter normalement de 4 à 6.000 francs, auxquels il y a
lieu d'ajouter une vingtaine de mille francs

de « revenus à peu près avouables provenant de gérances et d'entremises. »

Que prouve cette insinuation désobligeante? Pas grand'chose, sans doute ; tout au moins, cependant, un état d'esprit du public qui observe et qui réfléchit.

Autre fait pris dans un des derniers romans parus, l'*Aile brisée*, de M. de Romeuf : Lucien Dayraud, dont le père est notaire à Clermont, reçoit de lui l'aveu de toute une vie de faussaire ; il oblige son père à se tuer ; et sa maîtresse, Faustine, qui, comme cela est de règle, a quitté son mari pour suivre Lucien, le justicier, est épouvantée de cette tragédie, — d'où l'aile brisée ; elle croit voir son amant couvert de sang, et le quitte.

Quittons à notre tour le roman plus ou moins « vécu » et passons à la réalité.

Dans la séance de la Chambre des députés du 30 novembre 1906, M. Buyat, député de l'Isère, rappelant la proposition de loi de M. Clémenceau, disait que la République s'honorerait en rachetant les offices ministériels, mais il insistait, dans les termes les plus énergiques, sur la nécessité primordiale de réduire les frais de justice. Et payant à la basoche son tribut à rebours, le jeune député s'écriait, avec la fantaisiste exagération d'un simple romancier : « Nous-mêmes, Messieurs, quand nous ouvrons le matin notre journal, nous sommes absolument certains d'y lire, après — cela va de soi — un accident d'automobile, la disparition d'un officier ministériel. »

Au cours de cette séance, M. Guyot-Dessaigne, garde des sceaux, fit allusion à un projet dont il n'avait encore jamais été question, projet qui ne fut alors considéré que comme un impromptu... mal venu.

Le ministre de la justice, dans son discours, constate en premier lieu que la vénalité des charges a été créée par la loi de 1816. Est-ce exact ? L'article 91 de la loi du 28 avril 1816 a créé, non pas la vénalité des offices, mais le droit de présentation. Or, M. Guyot-Dessaigne, après avoir dit : « Nous ne pouvons pas la supprimer (la vénalité) d'un trait de plume, et vous savez, Messieurs, quelles indemnités il y aurait à payer si l'Etat expropriait les officiers publics et ministériels », le ministre continue : « Je crois qu'on pourrait supprimer le droit de présentation. »

Qui nous expliquera comment la vénalité qui n'a pas été créée par la loi de 1816 ne peut-être — cela est reconnu par tout le monde — supprimée sans indemnité, et que le droit de présentation, qui a été créé par cette loi et qui, en réalité, ne fait qu'un avec la vénalité, puisse être, lui, supprimé *hic et nunc* et sans indemnité ?

Je ne trouve pas d'autre explication que la hâte d'une réponse improvisée à l'interpellateur.

Et le caractère irréfléchi de cette réponse est encore plus flagrant si nous poursuivons la lecture du *Journal Officiel*. M. le garde des sceaux ajoute en effet : « Ce droit de présentation qui fait que la chancellerie, quand elle a à nommer un notaire ou un avoué, se trouve en présence d'un candidat unique, et est obli-

gée ou de le refuser ou d'accepter les conditions indiquées dans le contrat de cession. »

Comment ne pas s'étonner qu'un pareil lap-
sus soit tombé des lèvres du ministre de la
justice ! Qui donc croira que la chancellerie
n'a pas le droit de refuser les conditions indiquées dans un contrat de cession ? Mais c'est,
paraît-il, au contraire, ce qui se passe constamment. Jamais, dit-on, un traité n'est accepté
du premier coup par les bureaux de la chancellerie. Tantôt, et c'est ce qui arrive le plus
souvent, le prix de vente est réduit ; tantôt,
telle ou telle condition est biffée ou remaniée.

Avec quelle précipitation M. Guyot-Dessaigne a-t-il donc parlé, pour que de semblables
assertions lui soient échappées ! Et que faut-il
penser de son idée de supprimer le droit de
présentation, puisqu'il ne la motive que sur
l'impuissance purement imaginaire de la chancellerie, alors que d'ores et déjà celle-ci a plein
pouvoir pour ne délivrer qu'à bon escient le
dignus intrare ?

La *Dépêche de Lyon* a publié le 23 octobre un entrefilet annonçant la mise en marche du projet de M. Guyot-Dessaigne : un article, que l'on introduirait dans la loi de finances, enlèverait purement et simplement aux officiers publics et ministériels le droit de présentation, et transmettrait ce droit aux chambres de discipline, qui présenteraient trois apirants pour chaque vacance ; le ministre choisirait parmi ces trois aspirants celui qu'il agréerait comme titulaire.

Ce projet fournira matière à de longs commentaires ; nous y reviendrons probablement. Mais, en l'état, est-il bien certain que la vénalité des offices soit la cause réelle des abus reprochés aux officiers ministériels ?

Croit-on que parce qu'un avoué ou un notaire a payé sa charge trop cher, c'est ce qui l'a conduit en cour d'assises ?

La cause vraie des déboires de trop d'officiers ministériels ne serait-elle pas plutôt dans leur recrutement qui, depuis longtemps, laisse à désirer sous divers rapports, moralité, capacité, situation de fortune, etc...

Si la chancellerie et les chambres de discipline avaient toujours rempli leur devoir, tout leur devoir, n'auraient-elles pas fermé l'accès de ces fonctions à certains candidats incapables et quelquefois insolvables dès le moment de leur nomination ?

Si les chambres de discipline, gardiennes scrupuleuses de la conduite de leurs justiciables avaient toujours exigé la plus grande correction professionnelle et frappé avec sévérité les écarts et les faits de concurrence effrénée qui ont contribué largement au déclin du bon renom des officiers ministériels ; qui sait ? on ne verrait peut-être pas aujourd'hui les publicistes les plus avertis se joindre aux romanciers et aux députés pour dauber en chœur les tabellions.

Quoi qu'il en soit, et pour conclure, il est permis de se demander si on pourrait, sans spoliation et *sans violer les droits acquis,* anéantir l'article 91 de la loi du 28 avril 1816 et enlever, — ce qui serait pourtant une expropriation — sans indemnité, aux officiers publics et ministériels nommés sous le régime de cette loi, la disposition du droit de présentation qu'ils ont payé avec l'estampille de l'Etat.

Il y a là une question juridique qui nous intéresse tous, et pas seulement les officiers ministériels, car tous nous pouvons avoir un jour à défendre des « droits acquis ».

XIV

LE
COURANT SOCIAL CONTEMPORAIN (1)

Les récentes élections municipales générales constituent le « fait social » le plus caractéristique et le plus important qui se soit produit depuis de longues années. Sans doute, elles ont été, au premier chef, un acte nettement politique ; elles ont pratiquement mis au point le baromètre des partis, et le point marqué n'est ni le calme plat ni la tempête, ni la réaction ni la révolution : c'est le temps enfin venu des réformes circonspectes, prudentes, positives et incessamment progressives. Les collectivistes-révolutionnaires ont compris

(1) *Dépêche* du 27 Mai 1908.

et reconnu la leçon ; souhaitons que les politiciens-réactionnaires en fassent autant ; et tout sera pour le mieux, sinon dans la meilleure des Républiques, du moins dans une République en voie de s'améliorer.

Mais ces élections n'ont pas seulement une signification politique. A qui les observe impartialement, il apparaît d'une manière certaine que l'éducation des électeurs s'est sensiblement accrue. Les opérations du scrutin ont été remarquablement calmes, malgré des prédictions sinistres ; les abstentions furent, en général, moins nombreuses ; et l'ensemble des électeurs a témoigné un souci plus éclairé, plus sincère, de ses vrais intérêts. Les ambitions trop personnelles, à quelques exceptions près, ont paru apaisées ou se sont dissimulées davantage ; le sentiment de la solidarité sociale s'est révélé en maintes circonstances et sous des formules variées. Des faits typiques seraient à mettre en lumière. Un des plus suggestifs est peut-être ce qui s'est passé à Marseille et à St-Etienne où les conseils élus sont composés de deux fractions à peu près numériquement égales. Mettant de côté la question de rivalité et d'amour-propre des partis à qui la mairie écherra, la division en deux camps presque égaux de la masse électorale de ces deux villes ne fait-elle pas toucher du doigt l'iniquité qu'il y aurait à sacrifier l'un de ces camps à l'autre ? La communauté d'intérêts de tous les habitants d'une ville est indéniable. Et cette solidarité est de plus en plus visible et étroite, à mesure que l'attention se porte sur tout ce en quoi se résume la vie sociale, matérielle, intellectuelle, morale.

Aussi l'idée latente de représentation proportionnelle se répand-elle partout, et, en fait, le bénéfice s'en trouve acquis, avant la lettre, dans un bon nombre de municipalités où les partis ont pu — presque sans le savoir ni le vouloir — se faire équitablement représenter. Encore un effort, encore un pas sur le chemin de la solidarité sociale, et les électeurs, montrant la voie aux législateurs, feront eux-mêmes le choix des meilleurs protagonistes de chaque parti.

Un des enseignements à retenir des dernières élections municipales est donc que nous sortons peu à peu de l'état d'insolidarité où la société marque le pas et se débat sans énergie et... sans gloire. Les électeurs ont commencé à réfléchir et ils comprennent qu'ils ne doivent plus se borner à glisser dans l'urne une espèce de blanc-seing à un candidat quelconque jugé de chic et sur sa mine ; qu'ils doivent eux-mêmes tout les premiers savoir ce qu'ils pensent et ce qu'ils veulent, pour ensuite choisir un candidat qui pense comme eux et qui, élu, n'accomplira pas le contre-pied de son mandat. L'affaire des 15,000 francs est probablement pour beaucoup dans le réveil du sens électoral, et aussi la révolte causée par les fraudes du Midi. Chat échaudé craint l'eau froide. Il y a gros à parier que désormais l'électeur tournera plusieurs fois son bulletin dans sa main avant de voter, et plus d'un songera, à part lui, aux coûteuses

fantaisies dont sont capables les élus nommés
à la légère.

Et une fois lancé sur cette pente sérieuse,
l'électeur français retrouvera tout son coura-
geux bon sens. On a beau lui en conter de
roides ; il écoute... et vote — et votera de
plus en plus — contre les marchands d'orviétan.
Quelles merveilles ne lui a-t-on pas déjà
promises pour le jour où règnera le socialisme,
le collectivisme, l'hervéisme, ce qui est tout
un ? Que n'a-t-il pas lu dans son journal ? Le
syndicalisme, qui enrégimente les volontaires
pour la révolution ; la grève générale, qui
fermera les ateliers, arrêtera les chemins de
fer, laissera pourrir les récoltes sur pied ; le
sabotage, qui est le vol quotidien par les
ouvriers d'une partie de leur salaire ; et le
partage fiscal des terres... Il ne faut pas
longtemps à un paysan de France, pas plus
qu'à un ouvrier pour estimer ce que vaut
l'aune de ces billevesées imprimées, ou débi-
tées par des phraseurs audacieux.

Tout à tous ; rien à personne. Eh ! quoi, cette belle doctrine serait l'aboutissement de vingt siècles, de cent générations humaines ?

La société sera propriétaire de tous les moyens de production, terres, usines, maisons, capitaux. Nous n'aurons que le droit de travailler, sans jamais rien posséder, sauf une trente-six millionième part de l'avoir social, part indivise, incessible et insaisissable. Et nous travaillerons, commandés par des fonctionnaires qui imposeront la besogne qu'il leur plaira. Et nous n'aurons pas plus le droit d'avoir une volonté que d'avoir une propriété ! La société possèdera et commandera. Les simples citoyens obéiront, travailleront et ne posséderont rien... si ce n'est « des vêtements, des meubles et des objets d'art (sic) » comme l'a écrit Albert Schaeffle, dans son exposé des conséquences économiques du socialisme contemporain. Voilà où les socialistes conduisaient leurs naïfs et innocents adeptes. Mais le corps électoral se rebiffe contre de telles théories. Et sans attendre que M. Jean Jaurès lui apporte le plan de la société communiste à laquelle il consacre ses veilles, l'électeur vient d'exprimer, par un geste « légal » — discret et élégant — sa foi en un avenir chaque jour meilleur, fondé indestructiblement sur la religion républicaine de nos ancêtres de 1789, religion dont tout l'évangile tient dans ces trois mots : Liberté, Egalité, Fraternité. Et, soit dit en passant, cette « religion politique » est absolument d'accord avec la religion chrétienne, « religion morale ». Mais ce n'est pas le moment de disserter là-dessus.

Le socialisme, dans sa quintessence, est la négation complète et brutale des principes républicains qui, en première ligne, font de la propriété un droit sacré, inviolable. Et c'est principalement par ses fausses et funestes théories sur ce droit de propriété, pierre angulaire de toute société, que le socialisme se montre en absolue contradiction avec le courant social contemporain.

Il existe, de nos jours, un grand et puissant courant d'idées et de faits, aussi vieux, d'ailleurs, que le monde, et qui se manifeste en tout et partout ; ce courant qu'aucun obstacle n'arrêtera jamais, parce qu'il est la loi du monde, nous entraîne, tantôt lentement, tantôt rapidement, vers l'*association*.

***

Que voyons-nous dans l'univers entier, dans la nature entière ? associations d'éléments, associations de forces, associations d'intelligences, de sentiments, etc...

La terre, l'onde et l'air s'associent — sur la Côte d'azur, par exemple, pour y créer la région idéale des séjours d'hiver.

L'air lui-même est un mélange — une association — d'oxygène et d'azote. L'eau est un mélange — une association — d'oxygène et d'hydrogène.

La loi essentielle de tout ce qui existe est la loi d'association. Et, au premier aspect, le socialisme qui se présente précisément comme l'association, la socialisation des choses, de toutes choses, offre une apparence de vérité et d'exactitude ; mais il fausse la loi d'association en l'exagérant à plaisir, en en tirant des déductions excessives, en l'élargissant, en la grossissant, pour ainsi parler, démesurément, jusqu'à la briser, jusqu'à la faire éclater. En effet, comme la grenouille de la fable qui creva pour avoir voulu se faire aussi grosse que le bœuf, de même, la société serait amenée à une catastrophe si l'on tentait l'expérience collectiviste d'une association communiste jetant l'embargo sur les gens et sur les choses.

Dans les associations naturelles, chaque élément associé conserve son existence propre et indépendante. L'oxygène, par exemple, est associé avec l'azote pour former l'air, mais il existe encore en tant qu'oxygène, ce qui lui permet de s'associer, d'autre part, avec l'hydrogène pour former l'eau.

Or, le socialisme, et c'est là son erreur fondamentale, son vice originel irrémédiable, le socialisme enlise les hommes et les choses dans une immense et unique société commu-

niste où toute individualité est anéantie, toute
personnalité supprimée, toute indépendance
foulée aux pieds, toute propriété niée et
détruite.

On voit la différence capitale, l'antinomie
entre le principe socialiste et le principe
d'association proprement dit, ou principe
sociétaire.

Le premier dédaigne et annihile l'individu
pour l'asservir et le confondre avec et dans la
société ; le second respecte l'individu associé
et lui conserve son indépendance, sa personnalité qu'il fortifie et agrandit.

Dans les innombrables sociélés ou associations de notre époque, — commerciales,
industrielles, artistiques, coopératives, mutuelles, etc., — on retrouve toujours cette
distinction scrupuleusement maintenue entre
la personne associée et l'objet mis en commun,
entre l'associé et l'être moral de la société,
entre le patrimoine du sociétaire et le patrimoine de la société. Dans toute association,
chaque membre revendique, expressément ou

tacitement, son libre arbitre et la disposition entière de ses droits sur l'objet ou sur le résultat de l'association.

S'il est incontestable que le courant social actuel tend vers « un socialisme », vers l'association, il ne l'est pas moins que le vrai socialisme, en harmonie avec les aspirations modernes, doit respecter les droits sacrés et intangibles de l'individu, irrévocablement acquis par la Révolution de 89. Or, le régime socialiste, tel qu'il est annoncé et enseigné, étant la négation flagrante des droits individuels — ce que les électeurs du 3 et du 10 mai 1908 ont parfaitement compris — il importe, si l'on ne veut pas témérairement lutter contre le courant normal de la vie sociale au XXe siècle, de définir et d'instituer un régime adéquat à ce courant.

Et si à un ordre d'idées plus ou moins nouveau il faut un vocable neuf, nous appellerions, en opposition au socialisme anti-individualiste, anti-républicain, anti-démocratique, au socialisme césarien et communiste condamné — sans bruit et sans éclat — par les électeurs municipaux, nous appellerions *sociétisme* le régime sociétaire libre qui serait en puissance de réaliser, progressivement, l'idéal social moderne, par l'association, dans la liberté, l'égalité et la fraternité.

XV

L'ÉQUIVOQUE COLLECTIVISTE (1)

Les collectivistes, qui ont d'aussi bons yeux que nous, constatent comme nous le courant qui dirige l'humanité entière vers l'association.

« Aujourd'hui, écrit M. Eugène Fournière, l'association surgit dans tous les domaines de l'activité économique, intellectuelle, politique et morale, groupe des intérêts, propage des idées ou exprime des sentiments, et il n'est pas un seul de ces domaines où elle ne montre une tendance manifeste à se substituer rapidement aux initiatives individuelles ».

Il est de toute évidence, en effet, qu'une espèce d'instinct nous pousse à nous associer,

____

(1) *Dépêche* du 30 Juillet 1908.

pour les fins les plus diverses. Mais ce qu'il importe de mettre hors de toute contestation, c'est que cet instinct, ce besoin d'association laissent intacts et entiers tous les droits personnels et individuels.

Regardons autour de nous les sociétés qui se multiplient. Autant nous compterons de sociétés, autant de fois nous constaterons que leurs membres se sont unis pour accroître leurs forces, leurs fortunes respectives. Cet acte de solidarité qu'est une association, a son principe dans l'égoïsme légitime et bien compris — et limité — de chaque associé : remarque trop conforme à ce que nous connaissons de la nature humaine, pour nous surprendre.

Et si nous nous associons, si nous nous unissons en vue d'un profit personnel, c'est donc que nous ne sommes pas conduits ni guidés par l'esprit collectiviste ; c'est donc que nous ne nous associons pas pour le plaisir et le profit d'une immense collectivité indéfinie, mais bien dans notre propre intérêt et dans l'intérêt de nos co-associés.

S'unir, s'associer, est-ce faire du collectivisme, du socialisme ?

Si conclure une association, si adhérer à une société, à un syndicat, si participer à une entreprise collective, à un service public quelconque (entreprises de transports, services postaux, etc...) si tout cela c'est — comme M. Jourdain faisait de la prose — faire du socialisme, du collectivisme, sans le savoir, alors nous devrons, sans détour, convenir qu nous allons au collectivisme et que rien n'empêchera le collectivisme de régner un jour sous la voûte étoilée.

Mais ne nous payons pas de mots et n'affirmons rien qu'en pleine connaissance de cause.

Nous savons que le premier article du *Credo* socialiste prononce l'anathème contre la propriété individuelle, excommunie les petits et les gros capitalistes, et fait passer au moule communiste les gens et les choses, le souper, le gîte et le reste.

Eh bien ! Est-il vrai que les nombreux mutualistes, syndiqués et autres membres des sociétés et syndicats les plus variés qui foisonnent en France, aient pensé, un seul instant, en y adhérant, qu'ils faisaient acte de foi socialiste et qu'ils renonçaient ou renonceraient, l'heure venue, à leur patrimoine personnel et à la libre disposition du produit de leur travail?

L'ouvrier qui adhère à une coopérative, à une société de secours mutuels, à un syndicat professionnel, loin qu'il néglige son intérêt personnel, agit au contraire avec une plus complète compréhension de ses droits. Il veut retirer le maximum de rendement de son existence et de son travail, et il prouve, par sa participation à ces diverses associations, qu'il veut, par les coopératives de consommation, alléger ses dépenses de ménage ; par les sociétés de secours mutuels, diminuer ses risques de maladie ; par les syndicats, développer sa capacité professionnelle et améliorer sa situation matérielle, intellectuelle et morale.

En résumé, notre propension naturelle vers toute œuvre collective se manifeste imprégnée indélébilement de l'esprit individualiste et personnel le plus caractérisé, le plus suggestif. Est-ce que, en prenant part à ces multiples associations, nous ne caressons pas, dans notre for intérieur, l'espoir, parfaitement avouable, parfaitement légitime, de retirer, en plus de notre mise, une part aussi forte que possible d'avantages et de bénéfices, sans nuire, bien entendu, aux droits absolument semblables de nos co-sociétaires ?

Ce que l'on met volontiers — et ce qu'on laisserait de bon gré — dans la bourse commune, ce sont les risques et les pertes ; mais quant à nos apports, quant à notre part de bénéfices, nous n'avons nullement l'idée de les laisser éternellement dans une communauté que nous avons toujours jugée et acceptée transitoire et passagère. Notre apport social, que nous ferons fructifier le plus possible par une sage et active administration, notre part du boni que nous nous efforcerons d'augmenter par un travail opiniâtre et par une gestion hardie et prudente en même temps, en un mot, le fruit de notre travail passé et futur, nous le réservons et le revendiquons expressément comme notre bien personnel, comme notre propriété propre et privée. Prétendre autre chose, soutenir qu'en participant aux nombreuses entreprises existantes, nous faisons du socialisme, du collectivisme, et que nous sommes disposés, par le fait même, à mettre tout ce que nous possédons *au tas* où tout le monde viendra prendre selon ses besoins, ce serait être dupe d'une équivoque dont aurait promptement raison le simple sens commun qui court les rues.

Or, cette équivoque, n'est-ce pas justement sur elle que repose l'argumentation doctrinale des théoriciens socialistes ?

« Aveugle qui ne voit pas que le régime où nous vivons devient par degrés collectiviste, écrit M. Georges Renard. L'instruction gratuite, telle qu'elle existe dans l'enseignement primaire, est un service public dont tous les citoyens paient les frais et dont ils profitent en proportion de leurs besoins. C'est une institution non plus seulement socialiste, mais communiste ».

L'exemple choisi par M. Renard ne paraît pas très heureux, car rien, je crois, n'est plus « propriété privée » que l'instruction.

Sur dix écoliers, combien acquerront la même instruction ? Pas deux, peut-être. Chacun profitera dans des proportions différentes et selon ses moyens, de l'enseignement identique donné à tous, et chaque élève tirera de son instruction personnelle tout le profit qu'il pourra. L'un passera de l'école communale au collège, à l'école Polytechnique, tandis que son voisin de classe restera au village où il oubliera vite le peu qu'il a appris et d'où il arrivera au régiment avec la mention : illettré.

Ainsi, voilà une institution qu'on nous cite comme type socialiste et communiste, et elle donne les résultats les plus individualistes, les moins communistes. Les collectivistes, comme le moine de la légende, qui, le vendredi, baptisait « carpes » les chapons, en sont-ils réduits,

pour faire des prosélytes, à baptiser « collectivisme » l'individualisme le plus authentique ?

M. Renard dit plus loin : « Qu'est-ce encore
que ces syndicats d'ouvriers industriels et
agricoles, que ces sociétés coopératives de
consommation et de crédit engendrant et faisant vivre des sociétés coopératives de production ; que ces entreprises régies par l'Etat
ou les communes (postes, canaux, tramways,
eau, gaz, électricité, etc...) sinon les assises de
l'édifice socialiste qui s'ébauche au sein même
du monde capitaliste ? N'est-ce pas là une série
de pas insconcients et parfois volontaires vers
ce régime futur qui a pour caractères essentiels
de socialiser les choses et d'associer les
hommes ? »

Inconscients ! Nous sommes des inconscients, nous marchons sans savoir où nous
dirigeons nos pas, et c'est pour cela que nous
allons... vers le collectivisme ! Non, ce n'est
pas inconsciemment que nous nous associons,
mais c'est avec la volonté très nette de mettre
en commun tel ou tel objet, dans tel but exac-

tement déterminé, et sous la réserve expresse de tous nos droits personnels.

Socialisation sous-entend : expropriation, dépossession, abdication. *Association* dit au contraire formellement : respect du droit de propriété et de tous les droits de l'homme et du citoyen.

L'esprit sociétaire est inné dans l'homme, être essentiellement sociable par nature. Une solidarité immanente nous unit, nous attache les uns aux autres. Mais cet esprit sociétaire ne sera jamais l'esprit collectiviste ; cette solidarité quasiment universelle ne sera jamais le communisme. Il y a un abîme entre eux : la propriété individuelle.

Développons, rendons effective la solidarité humaine. A cette tâche, toute une école — l'école de M. Léon Bourgeois, toute une doctrine — le solidarisme, se sont appliquées, sans résultat bien positif jusqu'à ce jour. La bonne voie est pourtant là ; mais elle se heurte à un obstacle que l'on n'est pas encore parvenu à définir, à préciser avec certitude. Peut-être consiste-t-il principalement dans la difficulté que l'on éprouve à constituer un équitable *modus vivendi* entre l'individualisme et le socialisme, pris dans la bonne acception du mot, à concilier l'esprit individualiste et l'esprit socialiste.

Cet obstacle, qui met en déroute les meilleures volontés et contre lequel viennent se briser les efforts des sociologues, des économistes, des hommes politiques, cet écueil qu'il faut franchir parce que au-delà se trouve peut-être la Cité rêvée, faite de plus de justice, — ce n'est pas le collectivisme qui le vaincra. La lumière, la vérité ne peuvent naître de l'équivoque ; l'équivoque ne saurait donner la victoire.

Les socialistes reconnaissent la nécessité et l'efficacité de l'association, mais ils se trompent quand ils concluent de l'association au collectivisme, de l'esprit sociétaire à l'esprit collectiviste, de la propriété-associée à la propriété-communiste.

Prochainement, nous essayerons de dire

comment un *régime sociétiste*, vivifié par un ferment juridique qui a fait défaut jusqu'à notre époque aux aspirations sociales, pourrait, sans tomber dans l'utopie, contribuer au progrès de l'humanité.

XVI

UN PREMIER RÉGIME SOCIÉTISTE (1)

La question sociale, on l'a dit souvent, est très complexe. Ce n'est pas un seul mais plusieurs problèmes qui sont à résoudre. Et, sans conteste, le plus important, le plus grave, le plus urgent est celui qui renferme dans ses données mystérieuses la solution des conflits, chaque jour plus aigus, du Capital et du Travail.

Pendant de longs siècles, les patrons et les ouvriers ont vécu en bonne harmonie. La solidarité réelle qui — avant la lettre — les unissait les uns aux autres, avait présidé à la création des corporations, maîtrises et jurandes

(1) *Dépêche* du 18 Août 1908.

auxquelles est grandement redevable la prospérité industrielle et commerciale de notre pays. La prospérité, comme presque toujours, amena les abus, et les abus provoquèrent la suppression de ces précieuses associations, alors qu'elles auraient dû être réformées et non supprimées.

L'interdiction de toutes les associations, justifiée par les excès des clubs politiques, fut une des plus lourdes erreurs de la Révolution de 89. La prétendue égalité économique qui en résulta ne fut guère plus avantageuse — parce qu'aussi prématurée — que l'égalité politique proclamée en 1848.

En toutes choses il faut une préparation, un apprentissage ; la puissance économique exige une longue éducation préalable, aussi bien que la puissance politique. Le suffrage universel, établi avant une éducation suffisante du corps électoral, n'a peut-être pas été moins funeste que la liberté économique décrétée en 1791. De même que le plus grand nombre des électeurs étaient incapables de se diriger, politiquement parlant, et devaient être les dupes et les victimes d'intrigants de tout acabit ; ainsi le plus grand nombre des ouvriers, privés de leurs associations professionnelles devaient être sans défense et sans forces, aux prises avec le Capital dont l'omnipotence augmentait incessamment.

**

L'emploi des machines dans l'industrie a marqué le début de la phase critique pour les relations du Capital et du Travail, phase qui atteint actuellement son apogée, semble-t-il.

Que pouvait l'ouvrier isolé, devant le patron, acheteur et possesseur de ces machines féeriques qui venaient décupler, centupler la force productrice des capitaux et réduire, dans les mêmes proportions, les frais de main-d'œuvre ? L'ouvrier, abandonné à ses seuls moyens, ne pouvait rien, ni proposer, ni discuter. Il ne pouvait que travailler, sans marchander, aux conditions qu'on lui offrait.

Comment se fait-il qu'aucune voix ne se soit élevée au-dessus du bruit des machines assourdissantes, pour réclamer, au nom de l'ouvrier, une part équitable dans les profits exceptionnels et imprévus, quasi providentiels, produits par ces machines merveilleuses ?

Un beau matin, une invention — faite, le plus souvent, par un obscur travailleur qui mourra à la peine — révolutionne toute une industrie et économise, c'est-à-dire supprime vingt ou quarante pour cent de la main-d'œuvre. Cette invention est un gain social qui profitera, à côté de l'inventeur, à la société entière. Est-il juste que le patron qui l'applique dans son usine soit seul à jouir des bénéfices qu'elle procure ? L'ouvrier que cette invention va exproprier de son travail — sans indemnité — n'a-t-il pas, socialement parlant, quelque droit sur ce gain social ? Et surtout l'ouvrier qui reste dans l'usine et travaille avec ces machines nouvelles ne doit-il pas retirer une part du profit qu'il contribue à réaliser ?

Bientôt — vers 1842 — on parlera d'inté-resser le personnel aux bénéfices des entre-

prises, mais ce sera une voix solitaire dans le
désert, ce sera un généreux commerçant dont
les louables intentions l'exposeront même aux
tracasseries de l'administration, et il n'aura
qu'un très petit nombre d'imitateurs. Dans les
sphères officielles, religieuses, politiques, on
recherche et on caresse le pouvoir, mais
personne ne se montre pour proclamer et
soutenir le droit naturel et juste des travailleurs
à une part équitable dans les richesses immenses qu'ils aident à produire, par leur collaboration cependant indispensable à une entreprise poursuivie en commun.

Des utopistes, Charles Fourier en France,
Robert Owen en Angleterre, préconiseront
une association universelle, communiste, où
tous les profits seront partagés entre tous les
citoyens. Ils prophétisent une métamorphose
complète de l'homme et du monde entier.
C'est de l'extravagance pure et magnanime. A
part cela, rien de sérieux, rien de praticable.

C'était pourtant bien l'heure de combler les
lacunes de nos codes dont les auteurs n'avaient

pu prévoir l'extension formidable de notre industrie, ni l'accroissement extraordinaire de la fortune mobilière de la France, fortune qui allait faire passer au second plan la propriété immobilière, objectif presque unique du législateur.

C'eût été vraiment le moment de proclamer, en économie politique, où ils sont de mise aussi bien qu'ailleurs, les principes d'égalité et de fraternité.

Oui, c'était l'heure de reconnaître à la face de l'univers, les liens de solidarité qui unissent le Capital au Travail, les patrons aux ouvriers ; c'était le moment d'introduire dans notre législation ce principe de solidarité fraternelle, tant vanté verbalement, mais toujours laissé au vestiaire des parlements et des prétoires.

Les temps sont-ils enfin réellement venus où l'on passera des paroles aux actes ? L'avenir le dira.

⁙

C'est une vérité devenue banale que le Capital ne peut rien sans le Travail, et, réciproquement, que le Travail ne peut se passer du Capital.

En fait, le capital et le travail sont toujours et ont toujours été associés ; mais, à notre époque, ce sont des ennemis-associés.

Il faut reconnaître d'ailleurs que l'association de fait qui existe entre le capital et le travail, n'est qu'une apparence, et qu'en réalité ils ne se considèrent pas ni ne se traitent comme des associés qui ont des intérêts communs, mais plutôt comme des tiers, des étrangers ayant des intérêts opposés.

Pour les économistes, le contrat de travail est un contrat de vente. L'ouvrier vend à son patron une marchandise, qui est son travail. Les rapports d'ouvrier à patron sont donc ceux de vendeur à acheteur ; c'est dire qu'ils sont empreints d'un esprit d'antagonisme plus ou moins exagéré, et qu'ils sont fatalement en concordance avec les intérêts différents et opposés du vendeur et de l'acheteur.

Pour le juriste, le contrat de travail est un contrat de louage. L'ouvrier loue ses bras, sa personne, son intelligence, son activité à un patron qui lui paye un prix de location. Et nous retrouvons là, presque sans changement, les mêmes intérêts opposés.

Nos codes, si touffus, si riches en règlementations et qui ont prévu, par exemple, plusieurs régimes pour le contrat de mariage, sont d'un regrettable laconisme en ce qui concerne le contrat de travail, qui cependant n'a pas moins d'importance, au point de vue social.

De même que les futurs époux ont, pour régler leurs intérêts pécuniaires, le choix entre divers régimes, — communauté légale, communauté d'acquêts, régime dotal, séparation de biens — pourquoi les ouvriers ne trouveraient-ils pas dans la loi des régimes appropriés à la nature de leur convention ? Pourquoi à côté du contrat de travail-location, le législateur n'instituerait-il pas le contrat de travail-association, laissant aux intéressés la faculté de choisir entre les deux régimes ?

Le titre huitième du livre III de notre Code civil a pour objet le contrat de louage ; il va de l'article 1708 à l'article 1831, mais un seul, l'article 1780, est consacré au louage des ouvriers. L'article 1781 est *en blanc*, le texte primitif ayant été abrogé par une loi du 2 août 1868.

Or, cet article en blanc ne parait-il pas réservé par le destin pour recevoir un texte modernisé et pour insuffler au contrat de travail l'esprit sociétaire qui lui manque ?

L'article 1780 actuel a pour sous-titre : Du louage des domestiques et ouvriers.

L'article 1781 nouveau pourrait avoir pour sous-titre : Du régime sociétaire libre.

Il serait ainsi conçu :

« L'entrepreneur et l'ouvrier peuvent stipuler que leur convention ayant pour objet un travail ou une entreprise à exécuter, sera régie par les dispositions ci-après constituant le régime sociétaire libre.

« 1° L'entreprise sera considérée comme mise et exécutée en commun dans la vue de partager le bénéfice net pouvant en résulter.

« 2º L'entrepreneur fournira tous les capitaux nécessaires à l'exploitation, dont il aura seul la direction ; l'ouvrier ou les ouvriers pourront n'apporter à l'entreprise commune que leur travail et leur industrie.

« 3º L'entrepreneur et les ouvriers ou employés seront considérés, pour la détermination et la fixation de leurs droits dans l'entreprise, comme des associés, et leurs rapports seront réglés conformément au titre IX du présent code : « Du contrat de société » sous réserve des dérogations prévues en cet article.

« 4º La société *sui generis* qui résulte du présent article ne sera pas connue des tiers qui traiteront valablement avec l'entrepreneur seul.

« 5º Les associés, conformément aux dispositions de l'article 1854 ci-après, peuvent convenir de s'en rapporter à l'un d'eux ou à un tiers pour le règlement des parts.

« 6º Les ouvriers, n'apportant aucune somme ni aucun effet à l'entreprise, seront affranchis de toute contribution aux dettes et aux pertes, de conformité à l'article 1855 ci-après.

« 7º L'entrepreneur est seul chargé de l'administration ; toutefois le délégué des ouvriers, choisi parmi les plus anciens, est consulté sur l'embauchement et le renvoi des ouvriers, sur les questions techniques et sur les règlements d'atelier. Un procès-verbal motivé est dressé de la délibération.

« 8º Le partage du bénéfice est fait après prélèvement, outre les dépenses d'exploitation proprement dites et frais généraux :

« Du traitement de l'entrepreneur ;

« Du salaire des ouvriers et de l'appointement des employés ;

« De l'intérêt des capitaux et biens mobiliers et immobiliers engagés dans l'entreprise ;

« Et de l'amortissement du matériel.

« Le bénéfice net est partagé, sauf convention contraire, savoir :

« 50 % à l'entrepreneur ;

« 30 % aux ouvriers et employés ;

« 20 % au capital.

« Les 30 % revenant au personnel sont distribués proportionnellement aux salaires annuels de chacun des ouvriers et employés et répartis, un tiers en espèces, un tiers en livrets personnels et un tiers affecté à des services de mutualité et de prévoyance.

« 9° Le contrôle des comptes, s'il est demandé, est fait par un arbitre-expert choisi amiablement ou nommé d'office, en cas de désaccord, par le Président du Tribunal civil.»

XVII

L'UTOPIE SOCIÉTISTE

L'amour pour tous les hommes, même pour ceux qui nous haïssent, est beaucoup plus adéquat à l'ame humaine que la lutte et la haine contre le prochain. Une nouvelle compréhension du sens de la vie n'est pas impossible en notre temps ; ce qui est impossible c'est de continuer à mener cette vie de combat de tous contre tous, qui est la nôtre maintenant.

Léon Tolstoï.

La loi fondamentale de l'Univers est la loi d'association.

Dieu — le dieu des chrétiens — est lui-même d'essence sociétiste, d'après le dogme de la Trinité : Dieu le Père, Dieu le Fils, ou le Verbe, et le St-Esprit, nous présentent l'association primordiale qui est au principe de toutes choses.

L'homme, lui, n'est-il pas aussi une merveilleuse association, un merveilleux spécimen d'associations diverses ? association d'un corps et d'un esprit ; association de matériaux, d'éléments multiples composant le sang, la chair, les os ; association d'organes ayant leurs fonctions propres — le cœur, les poumons, l'estomac, le cerveau — et cependant solidaires les uns des autres, au point que l'un d'eux ne fonctionnant plus, l'association cesse, la mort s'ensuit.

La famille — cet abrégé du monde, comme l'a appelée Lamartine — est essentiellement l'association humaine. Les enfants en sont les fruits et la perpétuent.

Quelle est la loi principale de la famille ? C'est la loi d'amour — forme supérieure de la loi d'association. Amour conjugal, maternel, paternel, filial, fraternel, toutes affections fondues dans l'esprit de famille. Tous les membres de la famille sont unis par un lien affectueux qui unit les familles entre elles et qui fait de tous les humains, des frères ; et c'est là, dans ce sentiment d'affection, que prend naissance le *jus fraternitatis* des Romains, ce droit fraternel en qui revit et revivra toujours l'esprit de dévouement, d'attachement et de sacrifice.

***

Le travail, résultat des efforts réunis, associés, du corps et de l'esprit, assure à l'homme sa subsistance. C'est dans le travail que le père de famille trouve tout ce qui lui est nécessaire pour élever sa progéniture ; et quand ils sont grands, les enfants se joignent au père pour travailler et amasser les réserves indispensables aux vieux jours des parents. Et cette association familiale s'augmente des jeunes voisins, apprentis du métier du père de famille. Et ces apprentis devenus ouvriers constituent, avec le père de famille et ses enfants, le premier atelier.

L'atelier, creuset d'où sortira la fortune mondiale ; l'atelier, faible cellule qui deviendra le magasin et l'usine immenses — l'atelier n'est que le prolongement de l'association familiale. L'esprit de famille doit donc régner toujours dans l'atelier, dans le magasin, dans l'usine. Et l'idée syndicale est adéquate au principe sociétiste, à la seule condition que le syndicat réunisse, obligatoirement, les patrons et les ouvriers, — comme au Japon, où seuls les syndicats mixtes sont autorisés par la loi. Il y existe bien quelques corporations purement ouvrières, mais elles ne sont que tolérées et peuvent êtres dissoutes à tout moment. (1)

De la multiplicité et de la variété des ateliers est née la commune, groupement, association de familles qui, par l'échange du produit de leurs travaux, se fournissent respectivement les objets dont elles ont besoin.

La commune, formée d'un nombre indéterminé de familles unies par une foule de mariages doit, comme elles, obéir aux principes qui dérivent du *jus fraternitatis* des Romains, de ce sentiment d'affection réciproque — *affectus societatis* — qu'ils déclaraient inhérent au contrat de société. (2) Les citoyens d'une commune — artisans, commerçants, travailleurs de tous rangs, doivent unir leurs causes et leurs

(1) M. Emmanuel Sautter, mémoires et documents du Musée social, Décembre 1907.

(2) Societas quodammodo jus fraternitatis in se habet.

intérêts, les soutenir et les défendre avec un esprit de dévouement réciproque excluant tout antagonisme, toute rivalité excessive, toute jalousie égoïste, toute ambition démesurée. Et de même que la famille ne donne pas l'exemple de dissensions intestines politiques, ainsi la commune doit savoir s'abstenir de ces luttes fratricides qui n'ont pour but que la conquête de privilèges iniques et d'ailleurs vains et illusoires aux dépens d'intérêts respectables. La politique, dans la commune, devrait être sinon éliminée, du moins réduite à sa plus simple expression, et, en tous cas, laisser à tous les partis, à toutes les opinions une part légitime et proportionnelle de représentation et de gestion.

L'Etat, réunion de toutes les communes, de toutes les familles situées entre telles et telles frontières, se conformera aux mêmes principes fraternels que la famille et que la commune ; il admettra dans ses Conseils les représentants qualifiés de chaque opinion, de chaque parti, sans distinction d'école ou de religion. Ledru-

Rollin n'a-t-il pas écrit : la loi de société est d'agir pour tous et *au moyen de tous.*

Comme conséquence du régime sociétiste, aucun intérêt privé ne saurait être méprisé ni disqualifié, même dans les administrations publiques. Tout intérêt collectif aurait sa représentation naturelle et sa part de contrôle, sinon de direction. Aucun service public ne pourrait donc être suspendu ni arrêté, tout conflit, à peine surgi, devant recevoir sa solution normale sur laquelle seraient appelés à statuer le représentant légitime et naturel de tous les intéressés : gouvernement, public et agents du service — direction, consommation et production. Le temps approche, sans doute, où, comme l'écrivait M. Ferdinand Buisson, député de la Seine, dans l'*Action Nationale* du 18 décembre 1908, il faudra « associer de plus en plus étroitement tout le personnel à la marche de tout le service, faire appel à la libre coopération, diminuer la majesté des grands chefs, dissiper l'auréole prestigieuse du grand mot de hiérarchie, habituer même un ministre à croire qu'il peut avoir intérêt et profit à discuter pédagogie, administration, droit, science, politique avec le moindre de ses subordonnés » et j'ajouterai, avec les administrés, avec les contribuables.

Les Etats, par la seule force des choses, s'uniront un jour fraternellement et adopteront pour règle de leurs relations extérieures les principes d'égalité et de justice qui seront la loi journalière de leurs sujets.

⁂

Pour être modéré avec honneur et avec fruit, a dit Thiers, il faut être puissant.

Le sociétisme, que l'on pourrait appeler la doctrine des modérés, du juste milieu, satisfait pleinement, croyons-nous, à l'idéal démocratique, à l'idéal républicain de la majorité de notre pays ; il a donc pour lui la puissance en même temps que la raison. Que cette majorité modérée, virile et agissante, que cette puissance démocratique, éclairée et prudente, aient enfin conscience d'elles-mêmes, et la France, sous l'égide de la devise : Liberté, Egalité, Fraternité, — sacrée à condition d'être sincère — verra s'ouvrir l'ère de paix et de prospérité à laquelle elle aspire, à laquelle elle a droit.

ERRATA

Page 20, 7ᵉ ligne. « Dans de précédents articles.... » Ces
articles, quoique antérieurs, sont reproduits plus loin, et en
particulier pages 31, 84 et suivantes.

Page 69, 3ᵉ ligne : au lieu de : l'unité sociale, lire : l'*utilité sociale*.

Page 118, au lieu de chapitre XI lire *IX*.

9 782016 116906